本书由江苏大学专著出版基金资助

组织支持感、心理资本与员工工作产出研究

谢竹云 著

PERCEIVED ORGANIZATIONAL SUPPORT、
PSYCHOLOGICAL CAPITAL
AND EMPLOYEE'S WORK OUTCOME

江苏大学出版社
JIANGSU UNIVERSITY PRESS
镇 江

内容简介

人是组织最宝贵的资产。在各种激励措施无效的情况下，组织究竟该如何打造人的竞争优势？本书以社会交换理论和积极组织行为学理论为基础，围绕员工的组织支持感、心理资本与工作产出等关键概念进行了系统性的理论与实证研究，并根据研究的最终结论提出了提升员工工作绩效的新途径。

本书可供组织行为学、人力资源管理等领域从事相关研究的研究者借鉴，也可作为从事组织管理实务工作的各类高级管理者的参考用书。

图书在版编目(CIP)数据

组织支持感、心理资本与员工工作产出研究 / 谢竹云著. — 镇江：江苏大学出版社，2014.12
ISBN 978-7-81130-855-6

Ⅰ.①组… Ⅱ.①谢… Ⅲ.①人力资源管理 Ⅳ.①F241

中国版本图书馆 CIP 数据核字(2014)第 281220 号

组织支持感、心理资本与员工工作产出研究
ZUZHI ZHICHI GAN XINLI ZIBEN YU YUANGONG GONGZUO CHANCHU YANJIU

著　　者/谢竹云
责任编辑/吴昌兴　仲　蕙
出版发行/江苏大学出版社
地　　址/江苏省镇江市梦溪园巷 30 号(邮编：212003)
电　　话/0511-84446464(传真)
网　　址/http://press.ujs.edu.cn
排　　版/镇江新民洲印刷有限公司
印　　刷/丹阳市兴华印刷厂
经　　销/江苏省新华书店
开　　本/890 mm×1 240 mm　1/32
印　　张/6
字　　数/210 千字
版　　次/2014 年 12 月第 1 版　2014 年 12 月第 1 次印刷
书　　号/ISBN 978-7-81130-855-6
定　　价/30.00 元

前　言

今天,无论是个人还是组织都在激烈的竞争中求取生存和发展。世界是平的,体力、财力和技术已风光不再,这些将不再是制约发展的瓶颈,人人都要追求卓越,那么优势从何而来？决定成败的关键是“人”,因此,要打造人的竞争优势。而要挖掘人的竞争优势,当务之急在于了解组织应该如何正确处理好与员工间的雇佣关系,如何从改善员工心理状态来实施有效的激励。那么,组织究竟该如何打造人的竞争优势？

本书以社会交换理论和积极组织行为学理论为基础,对员工的组织支持感、心理资本与员工工作产出关系进行了系统的实证研究。本书选择国内数十家不同性质的企业的员工为研究样本,通过问卷调查的方式收集数据,一方面探讨了组织支持感在中国组织文化背景下的维度划分与具体状况,另一方面验证了员工组织支持感对其心理资本和工作产出方面的影响,以及心理资本在组织支持感与工作产出间的中介作用。

本书共分为 6 个章节。第 1 章主要介绍研究的背景、主要内容及其理论与现实意义,并对书中涉及的组织支持感、心理资本和工作产出等主要概念进行界定。另外,本章还阐述了本书的研究方法、思路和研究框架,明确了研究预期的结论与创新之处。

第 2 章主要是对研究的相关文献进行回顾和评述。本章通过回顾国内外文献中对组织支持感、心理资本和工作产出三个重要变量的研究,指出了现有研究的不足,明确了研究的方向,为后续研究假设和理论模型的提出提供了理论基础。

第3章主要介绍研究理论模型的构建。在第2章文献回顾的基础上,本章提出了描述组织支持感、心理资本和工作产出三者关系的理论模型,并结合已有的相关研究进一步给出了本书的基本假设和变量的操作性定义。

第4章主要介绍本书的研究设计和数据收集。本章的重点是结合已有的国内外研究现状以及第3章提出的理论模型和研究假设,对所需的调查问卷进行设计,明确问卷发放的对象、资料的收集方法和本书所涉及的资料分析方法,从而为后续实证研究的数据处理与分析提供必要的准备。

第5章主要介绍数据处理与结果分析。本章首先对统计回收的数据进行可统计处理和分析,然后再对第3章提出的理论模型和相应的假设进行验证。主要内容包括量表的因子分析、量表的信度和效度分析、变量的描述性统计分析、T检验与方差分析以及对整体模型的衡量。

第6章主要是对上一章统计分析的结果进行归纳和总结。根据第5章的实证结果,本书初步得出如下结论:

(1)本书的研究进一步证实了在中国组织文化背景下,组织支持感不是单维度的,而是一个多维度的概念,主要包括工作支持、利益关心、个人发展和支持性氛围四个维度。此外,员工对组织支持的认同在不同的人口统计特征及企业性质方面表现出一定的差异。

(2)组织支持感及其各维度与员工心理资本、情感承诺、工作绩效呈显著正相关的关系,即员工的组织支持感对其内在的积极心理和表现出的工作产出有着显著的影响。

(3)员工的心理资本与其工作产出正向相关,即员工心理资本会影响个体心理和行为变量,充满希望、乐观和具有坚韧性的员工更有可能执着地完成自己的工作任务、忠于自己的职责,能坚定地应对逆境。

(4)心理资本在组织支持感与员工工作绩效关系间起完全中

介作用，而在组织支持感与情感承诺关系间起部分中介作用。这就意味着员工感受到的组织的支持不会直接带来工作产出，而是首先影响员工的内在积极心理，然后才能带来工作产出。

另外，第6章还根据研究结果，对企业在组织人力资源管理实践方面提出了建设性意见，就研究的创新之处与主要局限进行了分析，并以此为基础，进一步提出了未来的研究方向。

本专著的出版得到了江苏大学科技处、江苏大学出版社有关领导的关心，在此表示诚挚的谢意。同时，江苏大学出版社的杨海濒、吴昌兴、仲蕙等同志在本书的出版与编辑过程中付出了细致的劳动，对他们的支持和帮助也表示衷心的感谢。

如何有效进行员工激励一直是企业管理研究的难题。由于笔者水平有限，书中难免存在不当之处，恳请读者批评指正。

江苏大学财经学院

谢竹云

2014 年 9 月

目　录

第1章 绪 论

1.1 问题的提出

1.1.1 研究的现实背景

近年来,随着市场化的深入和国际化的加剧,企业间的竞争空前激烈。日益加剧的竞争使得组织不得不寻找更有效的方式来提高企业竞争力。过去那种靠传统的或是稀缺的资源(如财务资本、先进的技术和专利信息)来赢得优势的时代已经一去不复返了。管理者必须转变管理方式,通过有效激励和最大限度地挖掘员工的潜能来建立组织的竞争优势。美国著名的管理学家劳伦斯·米勒(Laurence Miller)曾指出,“一个公司的成功,越来越取决于员工的积极性和创造力,而不是机器的性能,管理人员的重要职责就是创造出一种环境,使每一位员工能发挥其才干”。安信咨询公司与经济学家情报研究所在对经营主管进行的一次题为“展望2010:设计明天的组织”的全球性调查中发现,75%的经营主管认为人力绩效(human performance)在组织竞争力的三大根源中排位第一,其次才是生产率和技术;而80%的经营主管认为员工的能力将是2010年影响企业战略的主导性力量。

从管理的角度来看,员工就是企业的内部客户。企业要赢得市场,就必须先服务好员工,给予他们所需的支持,使他们有良好的情绪,使他们一想到工作就觉得开心、快乐、喜悦,愿意并且能够在企业的平台上不断成长，在工作中获得超越工作本身的价值与意义。因为只有这样，他们才能把这种受到良好服务的使命感与情感传递给客户，从而使企业在激烈的市场竞争中脱颖而出。而传统的激励员工、提高其参与度的做法，如加薪、升职、发奖金和评职称等奖励可能起不了根本的作用，甚至可能是有害的。对此，曾被评为2003年“亚洲最佳雇主”的联邦快递亚洲地区总裁说过：“我们要照顾好员工，他们就会照顾好客户，进而照顾好我们的利润。”身为阿里巴巴掌门人、曾获得“2005 CCTV 中国年度十大雇主”称号的马云也提出了类似的观点，他认为只有让员工快乐并努力工作的公司才是一家好公司，员工工作的目的不仅是要有一份满意的薪水和一个好的工作环境，还要能在企业中快乐地成长。阿里巴巴“快乐员工”的管理模式卓有成效，连续数年以来，公司员工的跳槽率仅为3.3%，而一般企业的人才流动率的正常范围是10%~15%。

公司支持员工、使其感受工作的快乐之所以重要，原因很简单，因为快乐的员工往往是最好的员工。他们能表现出较高的工作效率，能够尽力为顾客提供优质的产品和服务。而不快乐的员工，不仅会给企业的生产效率带来负面影响，甚至还可能会发生职场攻击、自残、自杀等极端行为。员工的消极行为虽然不足以使企业破产，却可以销蚀企业的活力，给企业带来财产损失。如盖洛普公司的调查发现，员工的不敬业和毁业会带给美国每年3 000亿美元的损失，带给日本每年2 000亿美元的损失，带给新加坡每年54亿新元的损失。人力资源咨询公司翰威特的“最佳雇主调查”也发现，员工满意度达到80%的公司，平均利润率的增长要比同行业的其他公司高出20%左右。沃顿商学院金融学教授艾利克斯·爱德蒙(Alex Edmands)更在他的研究论文中给出了令人惊异的结论：受到员工好评的公司，其收益达到了市场平均水平的两倍以上。在让员工感到快乐，提高员工满意度方面，著名的Google公司已经走在了前列：带着台球杆到处晃，嚼着五彩糖豆，喝着果汁，吃着小零食，享受着洗衣、美发、按摩服务，打沙滩排球的员工，健身教练，自带的宠物……构成了Google公司中的常见景象；员工可以每周拿出一个工作日来做自己感兴趣的事情；当然，另外还有数百万美元的内部创业奖励。在国内，也有一些类似Google公司的快乐公司。比如在我国福州的网龙公司就是一家奉行“快乐公司”管理模式的网络游戏公司。弹性、自主、平等、快乐的工作环境与较高的工作效率和谐统一，使得网龙成为2007年网络游戏运营商中最赚钱的公司之一（张春燕，2008）。

然而，国内类似Google、网龙等让员工愉快的公司毕竟屈指可数，更为普遍的还是那些让员工感觉乏味甚至厌倦、痛苦的公司。在这些公司中，员工的多样性需求无法得到满足，员工对公司信心的丧失不仅造成了公司业绩低迷，而且使得员工，特别是一些核心员工跳槽、离职的现象时有发生，迫使企业面临前所未有的人力资源危机。据零点调查公司2005年的调查数据显示，当前企业最常面临的三种危机依次是人力资源危机、行业危机、产品/服务危机。如图1.1所示，调查显示被调查的企业中分别有高达53.8%，50.0%，38.7%的企业曾经经历过或正在面临这三种危机的困扰。其中人力资源危机不仅是中国企业最常面临的危机，也是给企业造成严重影响的危机之一，有33.7%的被调查企业表示人力资源危机对其企业发展产生了严重的影响。特别是自2008年9月以来，美国金融市场震荡频频，美洲银行收购美林集团、AIG集团陷入危机、雷曼兄弟控股公司破产强烈震撼了美国金融市场，并在国际金融市场掀起了滔天巨浪，旷日持久的美国次贷危机转化为严峻的、世纪性的、全球性的金融危机及经济危机。目前的经济危机已对我国企业人力资源产生了巨大的冲击，具体的表现为各个企业纷纷采取裁员或者降薪的方式应对危机。大型国企如武钢、宝钢等都在酝酿降薪，其中武钢员工拟降20%，处级及以上干部拟降50%；房地产大鳄万科、中原降薪裁员；天之骄子东航、南航降薪裁员；民企明星波导、夏新被迫削减人力成本;独家老大中石油也开始大幅裁员……降薪裁员已波及房地产、航空、石化、电力、IT、证券、金融、印刷等一系列行业。企业的降薪裁员必将引起员工群体恐慌,直接引发大规模的跳槽行为或者在工作中采取保守型行为。

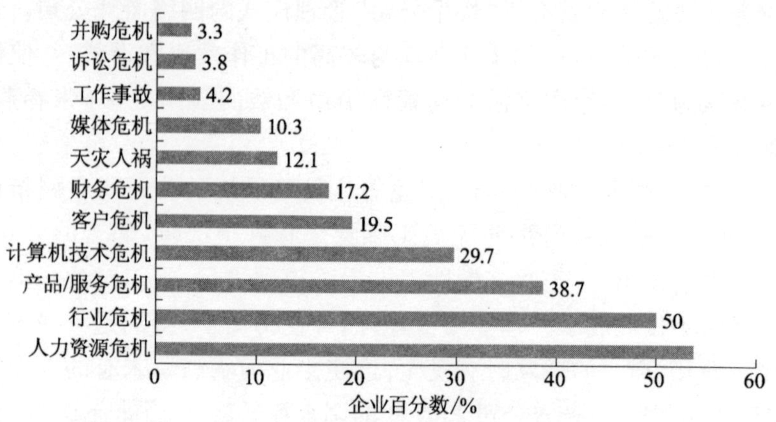

图 1.1　企业经常面临的危机类型

资料来源:叶秉喜,庞亚辉,《考验:危机管理定乾坤》。

面对经济危机,国内企业究竟该如何正确处理好与员工间的雇佣关系,并实施有效的员工激励,这是当前经济危机、员工人心涣散背景下化解人力资源危机的关键,也是当今的企业人力资源管理者和学者要面对的新的研究课题。而本书正是基于这一现实背景,提出必须要重新认识和思考“员工－组织”关系,不能再像以往那样片面强调员工与组织之间单纯的经济关系,或员工对组织单方面的忠诚和承诺,忽视组织本身对其员工的忠诚和承诺。要切实从员工的角度来审视组织所采取的各项措施或决策对员工的心理产生的影响,要更加关注如何实现组织与员工之间的双向忠诚和承诺,要更加关注如何实现对员工的有效激励,更好地挖掘员工的潜能,从而调动其工作积极性,提高人才的使用率。因此,系统研究组织支持行为和新型的“员工－组织”关系可以为我国企业实现对员工的良好激励、留住人才、提高企业绩效,以及为实施科学有效的人力资源管理提供理论指导。

1.1.2 研究的理论背景

(1) 传统的组织激励理论

员工激励问题一直是组织行为学和人力资源管理中的一个重要问题。传统的组织激励理论基本上都是从员工个体出发,研究员工行为动机的相关规律,寻找有助于激励员工行为的影响因素。

传统的激励理论,又称为动机理论,大体可以分为内容理论、过程理论和强化激励三大类。就内容型激励理论而言,可以追溯到20世纪科学管理者泰勒(Taylor)、吉尔布雷斯夫妇(Frank B. Gilbreth,Lillian M. Gilbreth)等,他们都曾采用非常复杂的薪酬激励方式对员工的行为进行激励。但是,以完整的理论模型出现的则是麦克兰德(Mcclelland)的成就工作动机理论、人本主义心理学奠基者马斯洛(Maslow)的需要层次理论、与需要层次理论有关的奥尔德弗(Alderfer)的新的人本主义需要理论(又称ERG理论)、赫兹伯格(Herzberg)的双因素理论,以及在工作丰富化运动促进下哈克曼(Hackman)和奥尔德汉姆(Oldham)提出的工作特征理论。

过程型激励理论着重研究人的动机形成和行为目标的选择,该理论可以追溯到先驱心理学家勒温(Lewin)和托尔曼(Tolman)提出的认知和期望的概念。但是,作为模型化动机理论的提出则是弗洛姆(Vroom)的期望理论、亚当斯(Adams)的公平理论、波特(Port)和劳勒(Lawler)的绩效-满意度模型,以及洛克(Locke)的目标设定理论。

就强化型激励理论来说,其理论依据主要来源于巴甫洛夫(Pavlov)的经典条件反射、斯金纳(Skinner)的操作条件反射、桑代克(Thorndike)的尝试与错误学习以及班杜拉(Bandura)的社会学习理论。其基本原理是通过不同类型和不同时序强化与替代强化、榜样学习来达到行为塑造和激励的目的。

从上述分析可以看出，内容型激励理论、过程型激励理论和强化型激励理论分别是以人本主义心理学、认知心理学和行为主义心理学作为自己的理论基础，简单机械地、静态地从个体角度来考虑员工的激励问题，因而在现实中很难有实质性的指导意义。

(2) 基于社会交换的组织支持理论——员工激励研究新视角

早在20世纪80年代，Eisenberger等(1986)以社会交换理论作为理论依据，正式提出的组织支持理论则是从雇主(组织)-员工互动的角度来探讨和研究员工激励问题。它将视角从个体角度延展到个人与组织、雇员与上级之间相互关系的动态的角度，进一步拓展了激励理论的研究范围，开启了员工激励研究的新视角。

根据组织支持理论的解释，组织对员工的良好待遇和支持会使员工产生某种义务感，激励和驱使员工通过利于组织的积极的工作态度和行为进行互惠或对等交换。组织满足员工的需求、提升他们的利益和评估他们的贡献程度越高，员工就越会产生对组织的信任和良好的工作表现(Kahn，1990)。

在组织支持理论提出之后，学者们表现出了浓厚的研究兴趣。在世界上著名的心理学类、管理学类刊物如Journal of Applied Psychology，Academy of Management Journal等迄今已经有130余篇有关组织支持的权威研究文献(徐晓峰，2005)。然而综观已有的国内外研究发现，还有以下一些不足之处存在。

首先，国外学者一般把组织支持感看作单一维度的概念。到目前为止，国外相关研究中只发现Bhanthumnavin(2003)、Kraimer和Wayne(2004)开始尝试把组织支持感分为不同的测量维度。在中国，台湾学者李佳怡(2000)以台湾一家制造业企业员工为研究对象，将组织支持划分为生涯协助、领导关系、工作环境、工作生活平衡、自我成就发展以及目标明确性六个维度。而凌文辁、杨海军、方俐洛(2006)也探讨了我国文化背景下组织支持的多维度心理结构,他们将组织支持分为工作支持、认同价值和关心利益三个维度。总体而言,国内对组织支持感的专门研究还比较少,且研究结果尤其是其维度划分不仅有别于国外的研究,而且结论也不一致。那么,在中国这样一个发展中国家,众多国有背景的企业或脱胎于国有背景的企业,其组织内部员工对组织支持是否认同?若认同,那究竟认同组织支持行为的哪些方面?可以说,这方面的答案至今仍没有弄清楚。因此,探讨中国组织文化背景下企业员工组织支持感的维度划分是非常有价值的。

其次,国外已有的一系列研究已经证明,组织支持感与多数员工工作产出相关,诸如组织承诺、工作满意度、离职率、工作绩效和组织公民行为等(Eisenberger et al,1990;Moorman,Blakely, Niehoff,1998; Rhoades, Eisenberger, 2002; Settoon, Bennett, Liden, 1996; Wayne,Shore, Liden,1997)。但查阅国内相关研究文献不难发现,这方面的研究,特别是实证研究的成果并不多见。这不能不说是国内从事组织行为和人力资源研究的一大憾事。因而本书通过实证的方式提出研究我国企业内部员工是否存在普遍的组织支持感,以及这种组织支持感是否也如同国外发达国家的研究结论一样,对员工的工作产出有重要的影响显得十分必要,可以说本书进一步丰富了国内对组织支持理论的研究。

再次,无论是国外学者还是国内的研究者,在研究员工组织支持感对其工作产出的影响时,大多采用直接回归的方式,几乎没有考虑中介变量。那么组织支持感究竟是直接对员工工作产出产生影响,还是通过其他间接的方式进行,答案尚未揭晓。这一研究上的缺陷俨然触动了一些学术敏感学者的思维神经。比如 Armeli, Eisenberger,Fasolo 和 Lynch(1998)评论道:“隐藏在组织支持感与员工工作产出关系背后的机理还很少被注意到。”这一评论引起了学术界的重视,并且在后来的组织支持理论研究中得到了部分的改进。如 Eisenberger(2001)用"义务感"和"积极情绪"作为中介变量研究组织支持感对员工产出的影响。同年,Whitener(2001)使用"人力资源实践"和"对管理层的信任(trust in management)"作为中介变量研究组织支持感对员工承诺的影响。但时至今日,研究并没有取得一致的结论,并且大多忽视了组织支持对员工心理所造成的影响,而分析员工心理上的效应可能就是打开组织支持感与员工工作产出间关系的"暗箱"的关键。

最后是关于组织支持感的个体差异性研究。在组织内部,不同年龄背景、不同学历背景、不同工作类型和工作年限的员工对组织支持的认同是否存在差别;不同性质的组织之间,员工间的组织支持感是否有明显差别,诸如这些重要的、悬而未决的问题如果不能得到很好的解决,组织的人力资源管理实践和人才战略就会迷失方向。

(3) 心理资本——理解组织支持的"新钥匙"

在 20 世纪末,伴随着以美国著名的心理学家 Martin Seligman 为首的学者对积极心理学研究大力倡导,积极心理学运动的影响迅速向其他学科蔓延。首先受到推动的就是组织行为学。Luthans 是率先对积极心理学做出反应的组织行为学家。2002 年,他以积极心理运动作为基础和起点,正式提出了"积极组织行为学(Positive Organizational Behavior,POB)"这一概念,并将积极组织行为学定义为"可被测量的、开发的以及有效管理的积极导向的人力资源优势和心理能力的研究和应用,以利于工作绩效的改善"。他认为,这一界定实质包含了态度、人格、动机和领导等许多已有的组织行为学的概念(Luthans,2002,2002b)。同年,Luthans 等(2002)又创造性地提出"心理资本"的概念,认为心理资本是指建立在研究基础上的、积极的、可测量的、可开发的,并能够导致员工积极组织行为的心理状态。Luthans 等还提出在个体层面上,心理资本是促进个体成长发展与绩效提升的一项重要因素,是贮藏在员工心灵深处的一股永不衰竭的力量。

在心理资本概念提出后，学者纷纷响应，并积极展开对这一理论的实证研究，探讨心理资本的前因变量及其影响效应，得出了一些重要的结论。已有的一些研究表明，心理资本及自我效能感、希望、乐观和坚韧性等维度与个体心理和行为变量有着密切的关系，能够对员工的工作态度和行为产生积极影响，能导致员工较高的工作产出，如组织承诺、组织公民行为和工作绩效等（Larson，Luthans，2006；Luthans，2005）。心理资本也可以作为中介变量，对其前因变量和结果变量之间的关系起中介作用，比如在员工感知的支持性氛围与个体绩效之间有中介效应（Luthans，2008）。

心理资本这一新概念的提出可以说为全面深入理解组织支持理论提供了一把崭新的"钥匙"。正如上文所提出的，组织支持理论研究的一个重要方面就是要弄清组织支持感与员工工作产出关系的内在机理。而根据已有的对心理资本的理解，心理资本完全有可能在组织支持与工作产出间起中介作用，成为打开两者间影响关系之"黑箱"的关键。

因此，正是基于现有组织支持理论研究的不足和心理资本理论的兴起这一理论背景，本书提出要通过调查实证的方法，系统研究我国文化背景下员工组织支持感与员工工作产出之间的内在关系，并尝试以积极组织行为学的核心概念——心理资本为中介研究这一关系的内在机理。

1.2 相关概念的界定

1.2.1 组织支持感

对于组织支持感的内涵，Eisenberger（1986）及其同事率先给出了定义。他们认为组织支持感是指员工因企业关心自己并重视自己的贡献而产生的一种感受，故亦称为感知的组织支持或组织支持感（perceived organizational support）。首先，员工往往会在工作过程中形成有关组织如何评价他们的贡献和是否关注员工福利的综合知觉，当员工感受到来自于组织的支持，即感受到组织对其关心、支持、认同时，他们在工作中就会有很好的表现。组织支持感还可以理解为员工在需要有效工作和应对压力情景时，确信能够获得组织的帮助。

尽管 Eisenberger 的定义得到了广泛的引用，但仍有一些学者提出了质疑，他们认为，关于组织支持感的本质属性至今仍不清楚（Shore, Tetrick,1991）。要正确理解组织支持感的内涵，目前的主要任务就是将组织支持感同组织承诺、工作满意度和心理契约等相近的概念进行区分。

首先，有必要区分组织支持感与组织承诺，这是因为 Eisenberger 对组织支持感的理解仅仅从社会交换视角将其解释为组织承诺的对立部分。组织承诺在概念上是指组织成员对该组织的承诺。Becker堪称组织承诺研究的鼻祖，他早在 1960 年就提出了“单边投入理论”，认为随着员工在时间、精力以及金钱方面对组织投入的增加，员工越来越不愿意离开组织。此后，许多学者从不同的角度对组织内涵进行了探索。如 Wiener（1982）用认同过程理论解释组织承诺，认为组织承诺是由于内化的行为规范的压力而使员工的行为符合组织的目标和利益的要求。加拿大学者 Meyer 与 Allen（1993）则认为，组织承诺可以被定义为个体对组织的情感依赖，这种依赖表现为对组织的强烈认同、身心投入和对同事的喜爱。组织承诺存在三个不同的维度：持续承诺（continuance commitment）、规范承诺（normative commitment）和情感承诺（affective commitment）。持续承诺与 Becker 提出的承诺概念类似，即员工继续留在组织中是受到各种物质利益的吸引，员工看中的是保持自身在组织中已有的位置；情感承诺是指员工为企业努力工作、对企业忠诚完全是出于对组织的感情,而非物质利益的吸引;规范承诺是指愿意为组织工作主要是由于行为规范的约束,感到自己必须这样做才能合乎规范的要求。因此组织支持感与组织承诺的重要区别就在于,后者是雇员对组织做出的承诺,而前者是雇员对组织针对员工所做出承诺的一种感知和信仰(Eisenberger et al, 1986; Shore, Tetrick, 1991)。

另外,对于组织支持感概念的进一步理解还需要与员工工作满意度(job satisfactory)进行区分。与组织支持感概念相对应,员工满意度是相对于个体的生活满意度和总体满意度而言,特指个体作为职业人的满意程度,是员工比较薪酬、工作环境等方面综合的期望与实际收获后得出的评价。Shore 与 Tetrick(1991)认为,组织支持感与工作满意度在概念上的区别在于,组织支持感是对雇主承诺的度量,是员工对组织如何关心员工福利的一系列信仰;而工作满意度是对工作本身不同方面的评价,是对工作不同境遇的一种情感反应。Eisenberger(1997)也指出,组织支持感会受到组织自主的、自由控制的行为的影响,相比而言,工作满意度仅仅是在情感方面受到组织行为或工作某些方面或多或少的影响,而不论组织是否有意地控制自身的行为。

对于组织支持感的理解,还有些研究者提出有必要与心理契约相区分(Aselage, Eisenberger, 2003)。心理契约是由美国心理管理学家施恩(Schein)首先提出,他认为企业的成长与员工的发展虽然没有通过书面的契约载明,但企业与员工依然可以找到决策的各自"焦点",如同书面契约加以规范。在心理契约的维持下,企业能清楚每个员工的发展要求并设法满足;每个员工也为企业的发展全力奉献,因为他们相信企业会实现他们的期望。可以说,心理契约是存在于员工与企业间的一种隐性契约,其核心是员工满意度。Rousseau(1995)对心理契约也给出了定义,他认为心理契约是员工的一种相对稳定的情感模式,这种模式会驱使员工努力工作以回报组织。Rousseau 和Tijoriwala(1999)对心理契约与组织支持感进行了区分，他们认为，首先心理契约是基于雇员对雇主做出的允诺的一种感知以及产生的职责，是通过企业履行对员工承诺的义务来满足员工的物质与社会情感需求的；而组织支持感是对组织优厚待遇的一种测量，是通过组织给予的待遇来满足员工的物质与社会情感需求，而不论这种待遇是否基于员工感知到的允诺或职责。其次，组织支持感的产生一般是员工在进入组织之后通过自身的观察以及上级的相关行为产生的；而心理契约则有可能在员工进入组织之前就已经产生了。此外，组织支持感仅仅考虑主雇关系中员工一方，而经典的心理契约定义是考虑主雇双方对这种关系的信仰。总之，组织支持感与心理契约都是在评价员工与组织的关系，但是从不同的视角进行的。

综上所述，本书认为组织支持感是员工因企业关心自己和重视自己的贡献而产生的一种持续的综合认知，这种持续认知可以促使员工产生积极的心理变化，并有助于员工主动充分挖掘内在潜力，进而产生较高的工作产出。另外，这种信念可以被测量，并可通过领导者行为、积极的人力资源管理等措施加以引导。

1.2.2 心理资本

什么是“心理资本”呢？不妨先看一个小故事。有一天，农夫的一头驴子不小心掉进一口枯井里，农夫绞尽脑汁地想救出驴子的办法，但是想不到好办法，驴子一直在井里痛苦地哀号着。最后这位农夫决定放弃，便请来左邻右舍帮忙一起将枯井中的驴子埋了，以免除它的痛苦。农夫与邻居人手一把铲子，开始将泥土铲进枯井中。当驴子了解到自己的处境时，刚开始它哭得很凄惨，感觉末日的来临。但是，让人出乎意料的是，一会儿之后这头驴子就安静了下来。农夫好奇地探头往井底一看，眼前的事实却让他目瞪口呆：当众人铲进井里的泥土落在驴子的背部时，驴子表现出出奇的冷静和理智，它没用任凭泥土将自己掩埋，而是将泥土抖落在一旁，然后站到铲进的泥土堆上面将这些泥土踩实。就这样，驴子将大家抛在它身上的泥土全数抖落到身下，然后再站上去。很快地，随着它脚下泥土不断加高，这只驴子便上升到井口，然后在众人惊讶的表情中跃出井口，快步地跑开了！由此可见，态度是如此的重要。要让自己开始快乐地工作、生活，就是所谓的心理资本。

心理资本的概念最早出现在经济学、投资学和社会学等研究文献中。如 Goldsmith，Veum 和 Darity（1997）与 Goldsmith，Darity 和 Veum（1998）认为，心理资本是指能够影响个体工作绩效的一些个体特征，这些特征反映了一个人的自我观点或自尊感，支配着一个人的动机和对工作的一般态度，主要包括个体的自我知觉、工作态度、伦理取向和对生活的基本看法。Hosen 等（2003）也持相同观点，认为心理资本是个体通过学习等途径进行投资后获得的一种具有耐久性和相对稳定性的心理内在的基础架构（psychological infrastructures），包括个体的品质和倾向、认知能力、自我监控和有效的情绪交流品质等。类似这些定义主要是从个体的内在特质这一视角来解释，基本认为心理资本就是一个人的人格，会受到先天和后天共同作用的影响。

而更多的学者则认为，心理资本是一种心理状态。如世界著名组织行为学家 Luthans（2002，2004）从积极心理学和积极组织行为学的角度，认为心理资本是指人的积极心理状态，主要包括自信或自我效能感（confidence or self-efficacy）、希望（hope）、乐观（optimism）和坚韧性（resilience）四个方面，并强调心理资本是可以实际测量和开发管理的。Avolio 等（2004）也认为，心理资本是指那些有助于预测个体高绩效的工作和快乐工作指数的积极心理状态的综合，这些积极心理状态能够导致积极的组织行为，使其努力去做正确的事情，并且获得较高的绩效和工作满意度。2005 年，Luthans 对心理资本进行了更为具体的解释，并且首次将其定义为“个体积极性的核心心理要素，它超出人力资本和社会资本之上，并能够通过组织有针对性的投入和开发而使个体获取竞争优势”,具体表现为以下四个方面的特征。第一,属于积极心理学的范畴,强调个人的力量和积极性,反映员工的内在优势。第二,由符合积极组织行为标准(如独特性、可以有效测量、呈现为某种状态)的心理状态组成。第三,不同于传统经济资本、人力资本和社会资本,而是位于三者之上,是获取竞争优势所需三类资本的一种拓展。如图1.2所示,传统经济资本强调“你拥有什么”,注重的是拥有的货币数量以及其他诸如厂房、设备、专利和数据等方面的资产;人力资本强调“你知道什么”,如知识、技能、经验和思想等,它明确了员工应该具备的受教育的程度和技能;社会资本强调“你认识谁”,它注重的是关系网络和人脉;而心理资本则强调“你是谁(如自信、希望、乐观和坚韧性)”以及“你想成为什么”,即关注的重点是个体的心理状态。第四,具有投资和收益特性,即可以通过特定方式对其进行投资和开发,挖掘个体的潜力,进而改善绩效和提高组织的竞争优势。

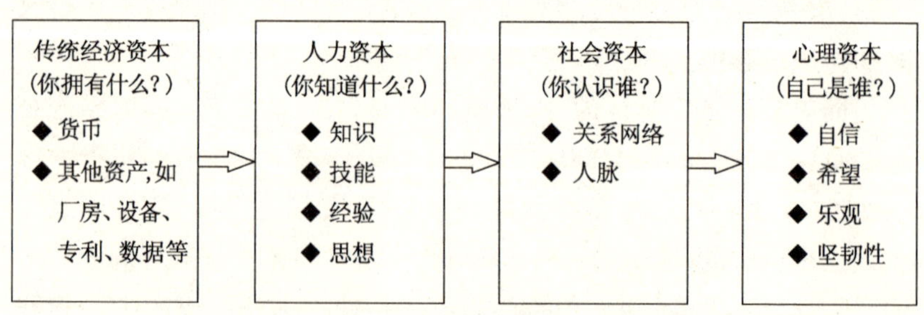

图1.2 获取竞争优势的资本概念的拓展

资料来源:Luthans, et al, Positive psychological capital: beyond human and social capital,2004.

2007年,Luthans,Youssef和Avolio(2007)对心理资本的定义又进行了进一步的完善,他们认为心理资本是个体在成长和发展过程中表现出来的一种积极心理状态,具体表现为以下四个方面:① 在面对充满挑战性的工作时,有自信(自我效能感)并能付出必要的努力来获得成功;② 对现在和未来的成功有积极的归因(乐观);③ 对目标锲而不舍,为取得成功在必要时能调整实现目标的途径(希望);④ 当身处逆境和被困难问题困扰时,能够持之以恒,迅速复原并超越(坚韧性)以取得成功。

根据上述分析,学者对心理资本内涵的理解虽然说法不一,但正逐渐走向趋同。本书综合已有研究认为,心理资本可以定义为个体拥有的一种区别于人力资本和社会资本的积极心理资源,其主要构成部分(如自信或自我效能感、希望、乐观和坚韧性)并非类似于相对稳定的、倾向性的、类似于特性(trait-like)的个性特征(如尽责或自尊等),而完全是一种类似于状态(state-like)的积极心理力量。另外,心理资本可以与人力资本和社会资本结合,共同构成了个体所拥有的可以客观测量、投资开发和有效管理的人力资源。

1.2.3 工作产出

员工工作产出(work outcomes),也称员工产出(employee outcomes),是员工工作的结果,它通常是一组变量,包括工作绩效、组织公民行为、情感承诺、工作满意感、跳槽意图、留职意图、旷工率、压力疲劳感和工作－家庭冲突等。本书研究涉及的工作产出变量主要是工作绩效和情感承诺。

(1) 工作绩效

虽然对工作绩效的研究由来已久,但综观已有的文献,学者对工作绩效内涵的理解存在很大的争议,所给出的定义也是极为丰富的。代表性的比如,Porter 和 Lawler(1968)认为,工作绩效的层面是由绩效的量、绩效的质和对工作尽力的程度所组成的。Boyatzis(1982)提出,工作绩效是指在维持或符合组织环境与政策的前提下,个体为完成工作任务要求所从事的特定行为。Hall 和 Goodale

(1986)将工作绩效定义为一种员工从事自己工作的方法,具体包括员工自己学习安排时间、技术技巧、与他人互动、服从领导等。Campbell等(1990)认为工作绩效是员工所控制的与组织目标有关的行为。这一定义包含三个层面的意义:第一,绩效是一个多维度的概念,即不存在单一的绩效变量,在大多数情境中,与组织有关的工作行为是多种多样的;第二,绩效是行为,而不一定是结果;第三,这种行为是员工所能控制的。Borman和Motowidlo(1997)则指出,工作绩效是可评估的、多维度的、连续的、与组织目标相关联的行为结构体,并将之划分为任务绩效(task performance)和关系绩效(contextual performance)。而Rotundo和Sackett(2002)却提出工作绩效是某个个体或组织在某个特定时间内以某种方式实现的某种结果。在国内,学者刘金中等(2005)给出如下定义:工作绩效是指员工在工作过程中所表现出的努力程度、工作成绩,并可以反映出员工的工作态度与工作能力。

综合上述不同观点,本书认为工作绩效可以看作员工在工作过程中所表现出的与组织目标、组织绩效密切相关的、多维度的、可以评估的特定行为,它反映了个体的工作态度、工作能力以及对组织目标贡献的大小。

(2)情感承诺

情感承诺是组织承诺的一个代表性维度。加拿大学者Allen与Meyer(1990)在总结前人研究的基础上提出,组织承诺可以被定义为个体对组织的情感依赖,这种依赖表现为对组织的强烈认同、身心投入和对同事的喜爱。在维度划分方面,组织承诺可以划分为三个不同的维度:持续承诺(continuance commitment)、规范承诺(normative commitment)和情感承诺(affective commitment)。持续承诺与Becker提出的承诺概念类似,即指员工由于怕失去在企业长期积累起来的各种利益如职位、住房、福利等而不得不选择继续留在该企业的承诺。可以看出,这种承诺完全是出于员工对自身经济利益的考虑,而不是出于对企业的奉献,所以是一种交易色彩浓厚的承诺。规范承诺是指员工由于受社会风气、学校教育、传统文化的长期影响或熏陶,出于责任或义务而感到应该留在企业的承诺。而第三个维度情感承诺具有以下三个特征:① 个体对组织目标和价值观的强烈信仰和认同;② 个体愿意为组织利益做出最大努力;③ 个体对保持该组织的成员身份有强烈的愿望。因此,情感承诺是指员工为企业努力工作、对企业忠诚完全是出于对组织的感情,而非物质利益的吸引,反映了个体在情感上认同和卷入一个特定组织的总强度。

1.3 研究的目的、意义、内容、思路及安排

1.3.1 研究的目的与意义

本书研究的主要目的如下:探讨在我国文化背景下,企业员工组织支持感对其工作绩效(work performance)的影响,并考察心理资本在这个关系中是否起中介作用。

本书的研究意义主要有以下几点:

第一,基于社会交换的雇佣关系和员工内在激励研究是目前学术界的一个研究热点,但是相关研究主要局限在心理契约和组织承诺方面,对组织支持感的研究有助于相关研究的进一步深化和推进,有利于避免片面强调员工的组织承诺而忽视雇主承诺的不足。

第二,过去对员工工作产出的研究,尤其是国内,大多聚焦于领导－员工的关系视角,探讨领导行为(变革性或事务性)或特征(领导所具有的特质)如何对员工工作产出产生影响,而忽视了另一个重要的方面,即组织－员工的关系。本书引入组织支持感,研究其与员工工作产出的关系,弥补了这方面的缺憾。

第三，本书对组织支持感的维度划分问题进行了深入研究，进一步证明了我国组织文化背景下企业员工的组织支持感不是单维度的，而是包含工作支持、利益关心、个人发展和支持性氛围的多维度概念，这是对组织支持感理论跨文化研究中的一个重要补充。

第四，本书从心理资本的角度研究组织支持感对员工工作产出的具体作用机制，提出了一个新的研究视角，进一步拓展了研究的视野。组织支持感对员工工作产出的影响可能不是直接的，而是由一些其他的变量在中间起传导作用。过去也有一些研究对其中的作用机制进行了探讨，但大多是将工作满意度、组织承诺等作为中介变量，几乎没有从员工积极心理状态的角度去研究。而由社会交换理论和新兴的积极组织行为学理论可知，心理资本可能是其中一个很重要的影响因素。

因此，本书的研究不仅在进一步充实组织支持理论、心理资本理论等相关研究成果方面有较高的理论价值，而且可以为我国企业实现对员工的良好激励、留住人才、提高企业绩效，以及实施科学有效的人力资源管理指明新的方向，具有重要的现实意义。

1.3.2 研究的主要内容

本书的研究内容主要包括以下几个方面：

① 探讨组织支持感的维度划分，证明我国组织文化背景下企业员工的组织支持感不是单维度的，而是一个包含多个维度的概念。

② 研究组织支持感与员工工作产出的关系，即考察我国企业员工的组织支持感对其情感承诺和工作绩效这两个重要的工作产出变量的影响。

③ 探讨员工组织支持感对其心理资本的影响，明确组织支持是否能对员工的心理资本提升产生积极作用。

④ 研究员工组织支持感对其工作产出的内部影响机制。通过调查问卷收集样本数据,并运用结构方程模型来分析检验本书提出的理论模型,分析员工心理资本在组织支持感与员工工作产出关系间的中介作用。

1.3.3 研究的思路

本书的总体思路如下:

① 根据对已有文献的回顾,发现研究存在的不足,从而明确本书的研究方向及所研究的问题。

② 根据已有的相关研究成果,提出本书的假设。

③ 确定合适的研究对象。为使样本具有一定的代表性,本书以不同类型的企业、不同层次的员工为研究对象。

④ 根据国内外已有的研究成果翻译或编制相关研究变量的量表,并编制调查问卷。

⑤ 向随机选定的研究对象发放问卷,并回收问卷。

⑥ 对回收的数据进行统计分析,并对所提出的假设进行检验。

⑦ 对研究的结论进行总结,提出有益的建议,同时分析研究的不足之处,指出未来的研究方向。

根据上述思路,本书的技术路线如图1.3所示。

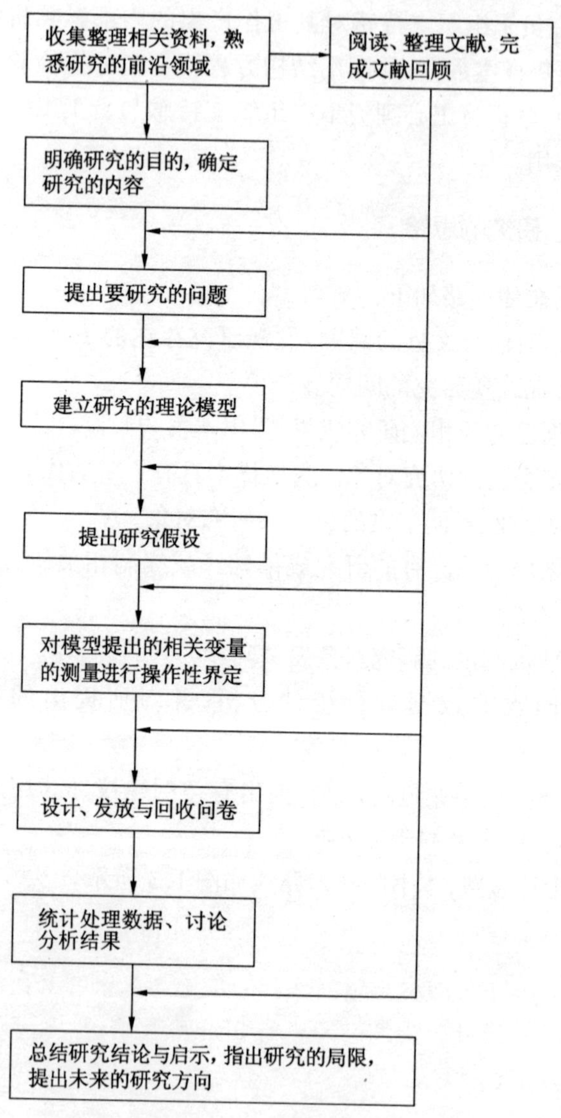
收集整理相关资料，熟悉研究的前沿领域
阅读、整理文献，完成文献回顾
明确研究的目的，确定研究的内容
提出要研究的问题
建立研究的理论模型
提出研究假设
对模型提出的相关变量的测量进行操作性界定
设计、发放与回收问卷
统计处理数据、讨论分析结果
总结研究结论与启示，指出研究的局限，提出未来的研究方向

图1.3　本书的技术路线

1.3.4　研究框架安排

根据上述的研究思路，本书的研究框架安排如下：

第1章绪论部分主要说明研究的现实和理论背景，给出相关概念，研究的主要内容、思路和研究方法，明确研究的技术路线和内容安排框架，阐述研究的意义、结论及可能的创新之处。

第2章主要是对研究的相关文献进行回顾和评述。通过对国内外研究文献的回顾，指出现有研究的不足，明确研究的方向，为后续研究假设和理论模型的提出提供理论基础。

第3章主要是在第2章文献回顾的基础上，围绕研究的主题提出本书的理论模型。在此基础上，结合已有的相关研究进一步提出本书的基本假设。

第4章主要讨论本书的研究方法。重点是结合已有的国内外研究现状以及第3章提出的理论模型和研究假设，对研究变量进行操作性定义，并且对所需的调查问卷进行设计，明确问卷发放的对象、资料的收集方法和本书所涉及的资料分析方法，从而为后续实证研究的数据处理与分析提供必要的准备。

第5章是数据处理与结果分析。本章首先对回收的数据进行统计处理和分析，然后再对第3章提出的理论模型和相应的假设进行验证。其主要内容包括量表的因子分析、量表的信度和效度分析、变量的描述性统计分析、T检验与方差分析以及对整体模型的衡量。

第6章的主要内容是指出研究的结论与未来的研究方向。本章首先对第5章统计分析的结果进行归纳和总结，并提出本书对组织人力资源实践的启示。然后，本章对研究的创新之处与主要局限进行了分析，并以此为基础，进一步提出了未来的研究方向。

1.4 研究的预期结论

本书的预期结论主要体现在以下几个方面:

第一,西方国家对组织支持理论的研究,通常是将组织支持看成单维度的概念,而参考国内外已有的最新文献以及我国现实的不同于西方国家的特殊的组织文化背景,笔者预测组织支持感在我国应该是一个多维度的概念。

第二,组织支持感及其各维度与员工情感承诺、工作绩效存在正相关关系,即员工的组织支持感对其工作产出有显著的影响。员工对组织支持的认同程度越高,其工作产出就越突出。

第三,员工的组织支持感及各个维度与其心理资本呈正相关关系,这就意味着组织给员工的支持会直接影响员工内在的积极心理状态。

第四,员工的心理资本与其工作产出正向相关,即员工心理资本会影响个体心理和行为变量。拥有较高水平的心理资本及充满希望、乐观和有坚韧性的员工,更有可能执着地完成自己的工作任务、忠于自己的职责,并且坚定地应对逆境。

第五,心理资本在组织支持感与员工工作绩效、情感承诺关系间起完全中介或部分中介作用,即员工组织支持感对其工作产出的影响并非直接的,而是先产生一种积极的心理,从而使他们更加快乐、高效地投入到工作中。

第2章 相关文献回顾与评述

本书的主要目标是探讨在组织内部，员工对组织支持的感知是否会影响其工作产出，以及通过何种机制来有效影响个体在工作中的表现，即试图揭示员工组织支持感与其工作产出间的关系，并打开两者关系间的“暗箱”，为组织实施积极的人力资源政策提供理论依据。本章将围绕员工组织支持感、心理资本和两个重要的工作产出变量——情感承诺与工作绩效，对国内外的相关研究文献进行回顾和评述，从而为后续理论模型的建立和实证检验提供必要的理论支持。

2.1 关于组织支持感的研究

2.1.1 组织支持感研究的发端

组织是员工获取物质和社会情感支持的重要来源，这一点早在一百多年前就已得到了研究者的认可。在20世纪初，关于组织的研究主要是探讨雇主对雇员在物质利益方面的支持(Taylor, 1911)。但是，Hawthorne在20世纪30年代的研究表明，组织同样是雇员社会情感的重要来源(Roethlisberger, Dickson, 1939)，当组织给予员工支持的信号如工作关注、休假和弹性制工作时间时，员工往往会表现出更高的工作效率和更佳的工作态度。

Mayo(1945)拓展了Hawthorne的研究，认为组织提供给员工的社会情感支持有助于他们处理一些社会变革，如20世纪40年代发生的大规模工业化活动。这是因为习惯于居住在小的城镇和村落并从事一些简单、特别的任务和交易的个体，在进入大城市之后，就会很快失去过去来自于工作中的自尊和认同。为解决这种认同的丧失，雇员们就会日益转向组织以及周围的同事来寻求支持、自尊和认同。

Levinson(1965)在20世纪60年代也认为，当社会发生变革或员工居住的地理位置变化时，组织支持就显得非常重要。这是因为人们搬迁离开他们的朋友和家人时，他们就会失去支持和尊重的宝贵来源。这时，他们就希望通过组织来获取支持和尊重方面的补偿。对此，Levinson 建立的相关理论认为，员工会将雇佣他们的组织拟人化，并赋予组织人格特征，因而那些能代表组织的个体的行为可能会被认为是组织的意图。之所以如此，原因在于：① 组织会从法律、财务和道德等方面对其代理人的行为负责；② 组织的先例、传统、政策和伦理会规定代理者的角色行为；③ 组织会通过其代理人对雇员行使权力。

Levinson 的研究工作可以说是进一步解释了组织－雇员关系更广泛的内涵。而在20世纪七八十年代全球竞争的商业环境里，当所有的组织越来越希望培养和留住高绩效员工来获取竞争优势时，组织－雇员关系也因此变得更加重要。于是，相关的研究也发生了转变：从员工对组织待遇的看法研究变为如何才能使雇员产生对组织的承诺(commitment)。

员工对组织的承诺(或称组织承诺)被定义为雇员“对一个特定组织的认同和工作投入”(Mowday, Steers, Porter, 1979)。无论是对研究者还是管理者而言，组织承诺无疑是极为重要的变量，因为组织承诺同工作效率、岗位轮替和离职率密切相关。而 Eisenberger 等(1986)从社会交换的视角对员工如何看待自己受到的组织待遇和员工的组织承诺两者间的关系进行了整合。Eisenberger 和他的同事们认为，首先要有组织对员工的承诺，然后员工才会出现对组织的承诺(Eisenberger et al, 1986;Shore, Tetrick,1991),而组织对员工的承诺就是组织支持。

2.1.2　组织支持感的理论基础

组织支持理论作为理解工作情境中员工的态度和行为的一种新的视角,它该归属何种理论学派?它与其他观点之间存在何种联系?这是组织支持研究首先必须回答的问题。简单地说,组织支持关注的是组织与员工之间的互动关系,其基本假设是在组织与员工的交互作用中,双方的互惠互报构成了关系的实质和动力。组织支持研究的理论基础主要是关于人际关系的社会交换理论、公平理论和归因理论,另外还涉及互惠原则、酬报原则和支持性拟人化思想。

(1) 社会交换理论(social exchange theory)

社会交换理论最早是由乔治·C·霍曼斯(George C. Homans, 1974)提出的,主要代表人物有美国的布劳(Peter M. Blau)、科尔曼(James S. Coleman)、埃默森(R. Emerson)和联邦德国的奥佩、胡梅尔等,其思想渊源主要包括斯金纳(Burrbu Frederick Skinner)的行为主义心理学思想、亚当·斯密(Adam Smith)的古典经济学思想和文化人类学研究。

作为交换理论的创始人,霍曼斯在《社会行为:其基本形式》中明确表示,他的交换理论衍生自行为心理学及经济学领域,并认为人的基本的社会行为可以从报酬和成本付出的角度来解释。他的交换理论有以下六条著名的基本命题假设(刘玮,2007)。

① 成功命题(the success propsition):一个人的某种行为能得到相应的奖赏,他就会重复这一行动;某一行动获得奖赏愈多,重复活动的频率也随之增多;获得的奖赏愈快,重复活动的可能性就愈大。

② 刺激命题(the stimulus propsition):相同的刺激可能会带来相同或相似性行为。如某人过去在某种情况下的活动得到了奖赏或惩罚,而在出现相同的情况时,他就会重复或不再重复此种活动。

③ 价值命题(the value propsition):如果某种行为的后果对一个人越有价值,那么,他就越有可能去重复同样的行动。

④ 剥夺与满足命题(the deprivation-satisfaction propsition):个人(或团体)重复获得相同奖赏的次数愈多,那么,这一奖赏对他(或团体)的价值就愈小,或个人因其行动结果获得的利润越大,他就越有可能从事该行动。

⑤ 攻击与赞同命题(the aggression-approval propsition):该命题包括两方面,一是当个人的行动没有得到期待的奖赏或者受到了未曾预料到的惩罚时,就可能产生愤怒的情绪,从而出现攻击性行为;二是当个人的行动得到预期的奖赏,甚至超过期待值,或者没有遭受预期的惩罚时,他就会高兴,就会赞同这种行为。

⑥ 理性命题(the rationality propsition):个人会选择较能带来或获得有价值的结果的行动。

霍曼斯将这六个命题看成一组"命题系列",强调它们之间相互联系的重要性,并认为只要将六个命题综合起来,就能够解释一切社会行为。此外,霍曼斯还强调,社会交换遵循一个基本原则,即公平原则。只有当交换双方都觉得交换是公平的时候,社会交换才有可能发生。交换的公平性可以从三个方面加以度量:一是付出与回报之间的比较;二是当前收支比例与过去收支比例的比较;三是个人收支比例与参考人群收支比例的比较。对此,美国著名社会学家布劳提出了异议,他认为不公平交换也是交换的一种形式,它恰恰是社会分化、权力产生、社会冲突和激烈社会变迁的重要原因。布劳以经济学作为主要理论基础,对霍曼斯的社会交换理论进行了重要的补充,并提出了社会性交换结构主义理论。他的理论构想大致如下:

① 信任与互惠。社会交换是一种具有互惠性质的自愿性回报行动,回报即酬赏,可分为内在性酬赏(internal reward,如爱、情感、敬仰等),或外在性酬赏(external reward,如金钱、体力劳动等),酬赏

会因人而异，无实际计算单位，也无法确知可能的回报是什么，人们依靠彼此的回报维持和强化关系，如果未获得预期的回报，则联系会减弱或瓦解。这是因为社会交换具有互惠的性质，既然无法获知回报为何，交易过程就需要一定程度的信任，信任日增，互惠及交换模式才会加深并扩大。

② 权力。权力是个人或团体不顾他人的反抗而将其意愿强加于他人的能力。布劳认为，社会交换是一种有互惠义务的行为，交换的结果有可能产生不均衡状态，当交换之一方无力付出同等的价值物来交换时，只有放弃某些自身的权力，因而社会就会产生支配和被支配两种人，这恰恰就是权力的来源。在社会结构中，权力源自于个人所在的结构位置，从属者认为权力的行使正当、公平且可获得整体利益，便赞同其领导地位；反之，则会引起集体对立行为。

③ 承诺。人们会寻求最大利益的各种可能的方案，当找到最佳方案时，就会对交易伙伴产生承诺，且停止继续搜寻其他的方案。

④ 社会分化。人们对威望与权力的追求，会努力使自己拥有相当的交换能力，但若太多人争取交换能力，将导致社会竞争或社会分化。

⑤ 理性求利与分享。布劳认为，每个人都是理性的最大利益追求者，社会交际及友谊，甚至对爱情、婚姻的选择亦同。在个人或团体的交换或对利益的追求过程中，酬赏必须与其他成员相当或与他人分享，否则将引致排斥，而此种分享才会利于社会的整合与稳定。

布劳的交换理论从社会结构的原则出发考察人与人之间的社会交换过程。他坚持认为，社会交换关系存在于关系密切的个体之间，建立在相互信任的基础之上，同时社会交换还是一种有限的活动，它是个人为了获取回报而又真正得到回报的自愿性活动。

在霍曼斯、布劳等提出社会交换理论后，很多组织问题研究者采取此理论观点，用以分析组织中的社会交换行为及其对员工工作态度与工作行为的影响（Bateman，Organ，1983；Brief，Motowidlo，

1986；Etzioni，1961；Gould，1979；Levinson，1965；March，Simon，1958；Mowday，Porter，Steers，1979；Organ，Konovsky，1989；Steer，1977）。按照社会交换的观点，在雇主与员工间关系的维持上，员工会付出努力及展现对组织的忠诚以交换实质的奖励如薪资、福利，或是一些社会情绪的回应如自尊、关怀等。但当互惠的规范被破坏时，个体将会产生不适感，因而不履行其义务。

（2）公平理论

公平理论又称社会比较理论，它是美国行为科学家亚当斯（J. S. Adams）在《工人关于工资不公平的内心冲突同其生产率的关系》（与罗森鲍姆合写，1962）、《工资不公平对工作质量的影响》（与雅各布森合写，1964）、《社会交换中的不公平》（1965）等著作中提出来的一种激励理论。该理论侧重于研究工资报酬分配的合理性、公平性及其对职工生产积极性的影响。

亚当斯公平理论的基本内容包括以下三个方面：

① 公平是激励的动力。公平理论认为，人能否受到激励，不但由他们得到了什么而定，还要由他们所得与别人所得是否公平而定。这种理论的心理学依据就是，人的知觉对于人的动机的影响有很大关系。他们指出，一个人不仅关心自己所得所失本身，而且还关心与别人所得所失的关系。他们以相对付出和相对报酬全面衡量自己的得失。如果得失比例和他人相比大致相当，就会心理平衡，认为公平合理从而心情舒畅；如果得失比例比别人高则令其兴奋，是最有效的激励，但有时过高会带来心虚，不安全感激增；如果得失比例低于别人则会产生不安全感，心理不平衡，甚至满腹怨气，工作不努力、消极怠工。因此，公平常是激励人在组织中工作的因素和动力。

② 公平理论的基本模式（即方程式）。根据公平理论的观点，当一个人做出了成绩并取得了报酬以后，他不仅会关心自己所得报酬的绝对量，而且会关心自己所得报酬的相对量。因此，他要进行

种种比较来确定自己所获报酬是否合理,比较的结果将直接影响其今后工作的积极性。横向比较是其中的一种比较方法,即他将自己获得的“报酬(包括金钱、工作安排以及获得的赏识等)”与自己的“投入(包括教育程度、所做努力、用于工作的时间、精力和其他无形损耗等)”的比值与组织内其他人进行社会比较。只有两个比值相等时,他才认为组织是公平的,如式(2-1)所示。

$$op/ip = oc/ic \tag{2-1}$$

式中,op——自己对所获报酬的感觉;

oc——自己对他人所获报酬的感觉;

ip——自己对个人投入的感觉;

ic——自己对他人投入的感觉。

当式(2-1)为不等式时,可能出现以下两种情况:

a. 当 $op/ip < oc/ic$ 时,他可能要求增加自己的收入或减小自己今后的努力程度,以便使不等式左边增大,趋于相等;第二种办法是他可能要求组织减少比较对象的收入或者让其今后增大努力程度以便使不等式右边减小,趋于相等。此外,他还可能另外找人作为比较对象,以便达到心理上的平衡。

b. 当 $op/ip > oc/ic$ 时,他可能要求减少自己的报酬或在开始时自动多做些工作,但久而久之,他会重新估计自己的技术和工作情况,最终觉得自己确实应当得到那么高的待遇,于是产量便又会回到过去的水平。

除了横向比较之外,人们也经常做纵向比较,即把自己目前投入的努力与目前所获报酬的比值,同自己过去投入的努力与过去所获报酬的比值进行比较。只有两个比值相等时,他才认为组织是公平的,如式(2-2)所示。

$$op/ip = oh/ih \tag{2-2}$$

式中,op——自己对现在所获报酬的感觉;

oh——自己对过去所获报酬的感觉;

ip——自己对个人现在投入的感觉；

ih——自己对个人过去投入的感觉。

当式(2-2)为不等式时,也可能出现以下两种情况：

a. 当 $op/ip < oh/ih$ 时,他会有不公平的感觉,这可能导致其工作积极性下降。

b. 当 $op/ip > oh/ih$ 时,他不会因此产生不公平的感觉,但也不会觉得自己多拿了报酬而主动多做些工作。

因此,调查和试验的结果表明,不公平感的产生,绝大多数是由于经过比较认为自己目前的报酬过低而产生的;但在少数情况下,也会由于经过比较认为自己的报酬过高而产生。

③ 不公平的心理行为。当人们感觉受到不公平待遇时,在心里会产生苦恼,紧张不安,导致行为动机、工作效率下降,甚至出现逆反行为。个体为了消除不安,一般会出现以下一些行为措施:通过自我解释达到自我安慰,心理上造成一种公平的假象,以消除不安;更换对比对象,以获得主观的公平;采取一定行为,改变自己或他人的得失状况;发泄怨气,制造矛盾;暂时忍耐或逃避等。

(3) 归因理论

① 凯利的归因模型

人们在感知人的行为时,总是试图进行推断和解释。所谓归因,就是指观察者为了预测和评价人们的行为并对环境和行为加以控制,而对他人或自己的行为过程所进行的因果解释和推论。人们行为的原因包括内部原因和外部原因两种。内部原因是指个体自身所具有的导致其行为表现的品质和特征,包括个体的人格、情绪、心境、动机、欲求、能力、努力等。外部原因是指个体自身以外的导致其行为表现的条件和影响,包括环境条件、情境特征、他人的影响等。美国心理学家海德在其 1958 年出版的《人际关系心理学》中最早提出了归因问题,但直到 20 世纪 60 年代中期才引起社会心理学界的重视并成为一个热门研究领域。如琼斯和戴维斯(1965)提出了相应推断理论，即根据行为者的具体行为推断其行为意图。

1967 年，美国社会心理学家凯利发表《社会心理学的归因理论》，继相应推断理论之后提出三维归因理论，对海德的归因理论进行了又一次的扩充和发展。凯利将归因现象区分为两类：一类是能够在多次观察同类行为或事件的情况下的归因，称为多线索归因；另一类则是依据一次观察就做出归因的情况，称为单线索归因。凯利认为，人们对行为归因总是涉及三个方面的因素：客观刺激物、行动者、所处关系或情境。其中，行动者属于内部归因，客观刺激物和所处的关系或情境属于外部归因。对上述三个因素的任何一个因素的归因都取决于下列三种行为信息。

a. 区别性：指行动者是否对同类其他刺激做出相同的反应，是在众多场合下都表现出这种行为，还是仅在某一特定情境下表现这一行为。例如，某一天迟到的员工是否经常表现得自由散漫、违反规章纪律。如果行为的区分性低，则观察者可能会对行为做内部归因处理；如果行为的区分性高，则活动原因可能会被归于外部。

b. 一贯性：指行动者是否在任何情境、任何时候对同一刺激物做出相同的反应，即行动者的行为是否稳定持久。例如，如果一名员工并不总是上班迟到，他有 7 个月从未迟到过，则表明这是一个特例，行为的一贯性较低；而如果他每周都迟到两三次，则说明行为的一贯性高。行为的一贯性越高，观察者越倾向于对其做内部归因处理。

c. 一致性：指其他人对同一刺激物是否也做出与行为者相同的方式反应。如果每个人面对相似的情境都有相同的反应，则认为该行为表现出一致性。比如，所有走相同路线上班的员工都迟到了，则迟到行为的一致性就高。从归因的观点看，如果一致性高，则对迟到行为进行外部归因。如果走相同路线的其他员工都准时到达了，则应认为该员工的迟到行为的原因来自于内部。凯利认为这三个方面信息构成一个协变的立体框架，根据上述三方面的信息与协变,可以将人的行为归因于行动者、客观刺激物或情境。

此外,凯利还研究了归因中的错误或偏见。比如,尽管在评价他人的行为时有充分的证据支持,人们总是倾向于低估外部因素的影响而高估内部或个人因素的影响,这称为基本归因错误。它可以用于解释下面的情况:当销售代表的业绩不佳时,销售经理倾向于将其归因于下属的懒惰而不是客观外界条件的影响。个体还有一种倾向于把自己的成功归因于内部因素如能力或努力,而把失败归因于外部因素如运气,这称为自我服务偏见。由此表明,对员工的绩效评估可能会受到归因偏见的影响。

② 韦纳归因理论

当某人做了某事后,会有一些积极或消极的情绪,归因直接影响到他的情绪。在各种有影响的动机理论中,归因理论可被看作最能反映认知观点的一派理论,其指导原则和基本假设表述为寻求理解是行为的基本动因。学者试图去解释事情发生的原因,试图为他们的成功或失败寻找能力、努力、态度、知识、运气、帮助、兴趣等方面的原因。当前对实践应用有较大借鉴意义的是韦纳(B. Weiner)的观点,他认为能力、努力、任务难度和运气是人们在解释成功或失败时感觉到的四种主要原因,并将这四种主要原因分成控制点、稳定性、可控性三个维度。根据控制点维度,可将原因分成内部原因和外部原因。根据稳定性维度,可将原因分为稳定的原因和不稳定的原因。根据可控性维度,又可将原因分为可控的原因和不可控的原因。

韦纳认为,每一维度对动机都有重要的影响。在内外维度上,如果将成功归因于内部因素,则会产生自豪感,从而动机提高;归因于外部因素,则会产生侥幸心理。如果将失败归因于内部因素,则则会产生羞愧的感觉;归因于外部因素,则会生气。在稳定维度上,如果将成功归因于稳定因素,则会产生自豪感,从而动机提高;归因于不稳定因素,则会产生侥幸心理。如果将失败归因于稳定因素,将会产生绝望的感觉；归因于不稳定因素，则会生气。在控制性维度上，如果将成功归因于可控因素，则会积极地去争取成功；归因于不可控因素，则不会产生多大的动力。如果将失败归因于可控因素，则会继续努力；归因于不可控因素，则会绝望。因此，若将失败归因于内部、稳定、不可控因素时就会出现最大的问题，会使人产生习得性无助感。

韦纳通过一系列的研究，得出一些归因的最基本的结论：

a. 个人将成功归因于能力和努力等内部因素时，他会感到骄傲、满意、信心十足；而将成功归因于任务容易和运气好等外部因素时，产生的满意感则较少。相反，如果一个人将失败归因于缺乏能力或努力，则会产生羞愧和内疚；而将失败归因于任务太难或运气不好时，产生的羞愧则较少。归因于努力相比归因于能力，无论是对成功还是对失败均会产生更强烈的情绪体验。努力而成功，可以体会到愉快；不努力而失败，会感到羞愧；努力而失败，也应受到鼓励。这种看法与我国传统的看法相一致。

b. 在付出同样努力时，能力低的应得到更多的奖励。

c. 能力低而努力的人会受到最高评价，但能力高而不努力的人会受到最低评价。因此，韦纳总是强调内部、稳定和可控性的维度。

归因理论提出了人们在对他人的行为进行判断和解释过程中所遵循的一些规律。在管理过程中，管理者和员工对行为的归因也不可避免地受到这些规律的影响。管理者要认识到员工是根据他们对事物的主观知觉而不仅仅是客观现实做出反应的。员工对于薪水、上级的评价、工作满意度、自己在组织中的位置和成就等方面的知觉与归因正确与否，对于其潜力的发挥和组织的良好运作是有重要影响的；同时，管理者在对员工的行为进行判断和解释时也应该尽量避免归因中的偏见和错误。

（4）互惠原则、酬报原则和组织拟人化思想

互惠原则、酬报原则和公平原则是社会交换理论的几个重要的

交换原则。关于公平原则前文已经专门进行了讨论,这里不再赘述。互惠原则(norm of reciprocity)是只有在社会交换对双方都有利的情况下才会发生。交换过程中,交换双方都会计算自己所获得的报酬与所付出代价二者之间的关系,如果双方的报酬与代价的差值不小于0,交换关系就可能持续。在组织内部的社会交换中,这一原则意味着组织不能单方面强调奉献和索取,而应该创造良好条件让员工从组织中有所收获,在这一前提之下寻求组织利益的最大化。所谓酬报原则(norm of reward and reciprocate),即人们日常生活中所说的投桃报李,按照社会规范,滴水之恩当涌泉相报,人们应该报答那些给予过自己帮助和好处的人。如果说公平原则主要反映了社会交换的即时性规则,那么,酬报原则则主要体现了社会交换的延时性规律。在组织内部的社会交换中,它意味着如果组织待员工不错,员工就应该对得起自己所在单位和所做的这份工作,积极努力地回报组织。反馈理论源自行为主义心理学的条件反射,它主要强调行为的结果。如果个体的一个行为得到了好的结果,即获得了积极的反馈,那么个体就往往倾向于在以后的活动中重复同样的行为;相反,如果个体的一个行为出现后得到了负向的结果,即消极的反馈,那么在以后的活动中该行为出现的可能性就会显著降低。

组织拟人化思想是由 Levinson(1965)最早提出的,他认为员工并不是把组织看作一个没有生命的物质机构,而往往会把人类的特征投射到组织身上,然后与自己心目中具有人类特征的组织发生联系。员工往往把组织代理人的行为和意图理解为组织的意图,而不是仅仅归因于代理人的个人动机。员工会把组织通过代理人对他们采取的支持性或非支持性的措施,作为评判组织是否重视他们所做出的贡献和是否关心他们福利的表现。

2.1.3 组织支持感的维度及其测量

Eisenberger 等(1986)认为,组织支持感是一种整体性的概念,是关于整个组织重视员工的贡献和关心他们幸福的程度。在提出组织支持感这一概念之后，Eisenberger 等（1986）就开始研究如何对这一概念进行测量。他们编写了 36 个题项，以七点量表的计分方式对 9 家企业的员工进行感知组织支持调查。通过一系列分析、试测与修订过程，他们开发了评价员工组织支持感的测量工具——包括 36 个条目的陈述式量表，即组织支持感调查表（survey of perceived organizational support），见表 2.1。探索性因子分析显示它们的载荷很高，可以归为一个因素，也说明组织支持感调查表是一维的。他们认为这可以支持组织支持感是反映员工对于组织重视他们的贡献和关注他们的幸福感的全面看法的假设。

此后，研究者在 Eisenberger 等提出的组织支持感的量表基础上进行了大量的研究，研究结果也证实了组织支持感的单维度特征。比如 Kottke 和 Sharafinski（1988）对 36 个条目的量表进行了研究，在因素分析中也只发现一个维度；Shore 和 Tetrick（1991）、Hutchison（1997）在对组织支持感的结构效度的研究中进一步证实了组织支持感是一个单一的维度；Eisenberger，Fasolo 和 Davis-LaMastro（1990）还采用 9 个题目的组织支持感调查表，在 5 个不同的组织中验证其信度系数在 0.74 和 0.95 之间；Eisenberger，Cummings，Armeli 和 Lynch（1997）从最初的组织支持感的项目中选取 8 个负荷最高的项目，其信度系数为 0.90；Eisenberger，Armeli，Rexwink 和 Rhoades（2001）从最初的组织支持感的项目中选取 6 个负荷最高的项目，其信度系数为 0.77。

表 2.1 组织支持感的调查表

项目	因子负荷	
	1	2
1. [a] 组织重视我的贡献	0.71	−0.07
2. [a] 假如能以更低的工资雇到别人来替代我，组织会这样做(R)	0.69	0.10
3. [a] 对我的额外奉献，组织并不欣赏(R)	0.72	−0.11
4. [a] 组织非常重视我的目标和价值	0.74	−0.22
5. 我生病请长假，组织会给予理解	0.60	0.19
6. [a] 对我的抱怨，组织视而不见	0.71	0.00
7. 组织做出影响我的决策时，并不关心我的兴趣	0.73	−0.04
8. [a] 当我有问题时可以从组织获得帮助	0.74	−0.12
9. [a] 组织的确很关心我的福利	0.83	−0.14
10. 组织愿意帮助我发挥出最大能力以完成工作	0.80	−0.21
11. 组织不能理解我因私人原因请假	0.62	0.12
12. 假如组织找到更合适的人完成我的工作，他们就会替换我(R)	0.59	0.12
13. 组织会原谅我诚实的错误	0.66	0.12
14. 组织要替换我，会使我的绩效稍稍降低(R)	0.64	0.35
15. 组织觉得继续雇佣我已无所获(R)	0.64	0.24
16. 组织几乎没有提供给我晋级的机会(R)	0.43	−0.10
17. 我的工作干得再好，组织也不会注意到(R)	0.80	−0.08
18. 组织会答应我改变工作条件的合理要求	0.67	−0.17
19. 假如被组织解雇，组织宁可雇用他人而不是招我回来	0.65	0.38
20. [a] 当我有特殊需要时，组织愿意提供帮助	0.72	0.01
21. [a] 组织关心我的工作满意感	0.82	−0.18

续表

项目	因子负荷	
	1	2
22. [a] 只要有机会,组织就会给我(R)	0.73	-0.08
23. [a] 组织表现出对我的关心很少(R)	0.84	-0.08
24. 假如我想辞职,组织会尽力劝说我留下来	0.60	0.14
25. [a] 组织重视我的观点	0.82	-0.08
26. 组织觉得雇用我绝对是一个错误(R)	0.60	0.37
27. [a] 组织对我的成就会给予表扬	0.76	-0.01
28. 组织更多关心的是绩效而不是我(R)	0.59	-0.06
29. 假如我不能按时完成任务,组织会给予理解	0.60	-0.03
30. 假如我取得了一个很大的成绩,组织会考虑给我加薪	0.65	-0.18
31. 组织会认为任何人都可以把我的工作干得和我一样好(R)	0.66	0.21
32. 组织并不会支付给我应得的收入(R)	0.50	-0.18
33. 组织希望给予我可能的最适合我的工作	0.67	0.15
34. 假如我的工作被取消,组织会解雇我而不是给我换个工作(R)	0.56	0.30
35. [a] 组织尽力使我的工作变得有趣	0.72	-0.18
36. 主管为我是组织的一分子感到骄傲	0.65	0.13

注:(R)表示该项目反向计分;a 表示该项目是调查表中项目的缩减。

资料来源:Eisenberger,Huntington,Hutchison, et al, 1986。

尽管将组织支持感视为单维度的概念得到了不少学者的支持,但仍有一些研究者提出了质疑,并进行了相关的探索。McMillin(1997)把组织支持分为工具性支持和社会情感支持,提出了组织支持的整合模式量表。该量表分为两大部分:工具性支持部分的问项主要是调查员工对组织提供的资讯、物质和人员等方面的功能性支持的看法;社会情感支持部分的问项主要是调查员工对组织提供的亲密支持、尊重支持和网络整合支持的看法。

此外,还有许多学者认为组织支持属于社会支持的一种,社会支持包括来自工作、家庭与朋友的支持,而组织支持则是以个人所在工作组织的支持为主要探讨重点。因此,组织支持是一个多维度的概念。Bhanthumnavin(2003)将组织支持划分为情绪性支持(motional support),如同情、接纳和关心;讯息性支持(informational support),如与工作有关的知识或技能的忠告、辅导与回馈;物质性支持(material support),如与工作有关的预算准备、协助与资源三类。此外,Kraimer 和 Wayne(2004)就外派人员所面临的适应需要,将组织支持分为适应支持、生涯支持以及财务支持三类,其中适应支持包括文化、语言训练以及安置协助;生涯支持则有外派的生涯表现以及长期生涯规划;财务支持则包括外派薪酬、红利、辅助津贴及休假的提供。研究者特别为测量三维度组织支持感开发了每个维度 4 题共 12 个项目的量表,但在研究中为了确保结果的稳定,还附加了 Eisenberger 等所开发的组织支持感的简短量表。因此,将组织支持感作为多维度变量进行测量还有待于继续研究。

在国内,一些学者认为员工感知到的组织支持应该表现在多个方面,如物质上的、精神上的,这需要从不同的维度对其进行测量。台湾学者李佳怡(2000)以台湾一家制造业企业员工为研究对象,将组织支持划分为生涯协助、领导关系、工作环境、工作生活平衡、自我成就发展以及目标明确性 6 个维度,以 73 个题项进行衡量;徐哲(2004)以服务业企业员工为研究对象,将组织支持分为尊重支持、资讯支持、物质支持、人员支持、亲密支持和社群支持,以 23 个题项进行测量;凌文辁、杨海军、方俐洛(2006)探讨了我国文化背景下组织支持的多维度心理结构,把组织支持分为工作支持、认同价值和关心利益,并在以往研究的基础上经过开放式问卷调查,编制初始的员工组织支持问卷,再通过反复的测试与修改,形成一份信度和效度较好的问卷，但由于得到的只是探索性结果，还需要经过大量实证研究。

2.1.4　组织支持感的前因与结果变量

（1）组织支持的前因变量

根据组织支持理论（Eisenberger et al，1986），三种基本的组织因素会提高员工的组织支持感，即组织公平、主管支持、组织回报及工作条件。

① 组织公平

公平是人类的基本需要，也是影响人们情感的重要因素。组织公平包括结果公平、程序公平、交往公平和信息公平四类。结果公平强调员工的付出应得到合理的回报。企业给予员工应得的报酬是企业对员工情感和价值的尊重。不公平的结果（如员工的工资低于他们应得的报酬）会使人们愤怒，他们不仅会因经济上的损失而愤怒，而且会因自己的声望和地位受到威胁而愤怒。人们不仅重视分配结果的功能性价值，而且非常重视分配结果的象征性价值。程序公平强调员工在决策过程中的发言权。交往公平强调员工受他人尊重的权利。信息公平强调员工的知情权。企业满足员工的基本权利，可使员工产生愉悦的情感和主人翁精神，激励员工做好情感性工作。

这里的组织公平主要是指组织的程序公平。根据 Greenberg 的定义，程序公平指的是组织在员工中分配资源方法的公平性（Greenberg，1990）。Shore（1995）认为，在资源分配决策方面重复体现的公平性会对员工组织支持感产生强烈的累积效应。Cropanzano 与 Grandey（1997）对程序公平进行了结构面和社会面特征的区分。结构面涉及关于决策的正式的规则与政策，包括决策执行前的必要通知、准确信息的收集以及来自员工的看法。程序公平的社会面，亦称交往公平，涉及资源分配过程中个体之间的待遇质量，主要包括是否给予员工尊严和尊重,以及是否提供成果如何分配的具体信息。

② 主管支持

上级领导支持是员工组织支持感的第二重要的影响因素。正如员工对组织如何评价自己会有一个整体的认知,员工对上级领导(即主管)在多大程度上如何评价自己的工作业绩和被给予的利益方面关心也会有一个全面的认识(Kottke, Sharafinski,1988;Cleveland,1992;Gagnon et al, 2004)。因为上级领导是组织的代表,有责任对下属的表现进行指导和评估,因而员工会把领导对待他们喜欢与否的倾向看作组织支持的指示信号。此外,员工们都清楚,主管对他们的评价会经常传达到更高层的领导那里,这更加使得他们会将主管的支持同组织的支持紧密联系起来(Dienesch et al, 1986)。

③ 组织回报及工作条件

现有研究发现,组织认同、报酬、晋升、自主性(autonomy)、角色压力(role stressor)、职业培训等因素与组织支持感有一定的相关性(David et al, 2003)。

根据组织支持理论,对员工的晋升和奖赏,体现了组织对员工贡献的认可,可以显著地增强员工的组织支持感。Shore 等(1995)就曾指出,在人力资源实践中,组织对员工贡献的认同与其对组织支持的感知呈正相关关系。

工作自主性是指员工感觉到能够独立控制自己的工作,包括工作安排、工作程序和工作的多样化等。员工自己决定如何开展自己的工作,体现了组织对员工的信任。研究表明,自主性程度比较高的组织可以显著提高员工的组织支持感。

角色压力是指个体难以适应环境需求而感到的一种心理压力状态。一些学者对在组织中员工的压力感及其影响因素做了比较深入的研究,结果发现超负荷工作(员工不能合理按时完成任务)、角色冲突(交代工作职责矛盾、互不相容)、角色模糊(缺乏对工作职责的清晰的信息)等都会加重员工的心理压力,进而降低员工的组织支持感。

另外，组织培训和组织规模也会影响员工的组织支持感。Wayne等（1997）研究发现，培训作为一项企业主动的人力资源行为，通过对员工进行技能训练和投资，可以提高员工的组织支持感。而对于组织规模，Dekker和Barling（1995）的研究表明，在一些制度比较森严、满足个人需要方面弹性比较低的大型组织中，员工会感到受重视程度较低，从而导致其组织支持感较低。

（2）组织支持的结果变量

当企业员工产生了组织支持感，此时对组织来说是非常有利的，具体来说有以下几个方面的影响效应。

① 组织承诺和工作满意度

组织承诺是指员工对组织的认同、卷入和情感依恋。Meyer和Smith（2000）的研究认为，员工感知到的组织公正和组织支持在组织人力资源实践与员工组织承诺之间起中介作用，而具有较高的组织公正和组织支持感的员工往往有更高的组织承诺。Randall等（1999）研究表明，较高的情感承诺与较高的组织支持感显著相关，而较高的权衡承诺却与较低的组织支持感相联系。Wayne等（2003）的研究也证实了组织支持对于组织承诺和工作满意度的影响。Cropanzano等（1997）的研究表明，工作支持和工作满意度存在正相关关系。Stinglhamber和Vandenberghe（2003）根据人际交往的互惠原则分析认为，较高的组织支持感主要通过三种机制来影响员工对组织的情感承诺。首先，组织支持感会使员工产生一种为组织利益和组织目标达成做出贡献的责任感，促使他们用更高的组织承诺和更加努力地工作来回报组织。其次，组织支持感会通过满足员工的尊重感、认同感、归属感等社会情感需要而提升其对组织的情感承诺，使他们产生强烈的组织归属感。最后，组织支持感还会使员工由于感受到同事的支持理解和对其能力的肯定而产生一系列积极的情绪体验，这些积极的情绪体验是与组织联系在一起的，会使员工产生更多的组织承诺。

② 工作投入

工作投入是指员工对所从事工作的认同和兴趣。已有研究发现，组织支持感可以通过增强员工的胜任感来提高他们的工作兴趣。Eisenberger 等(1990)的研究也表明,组织支持感与工作投入呈高度的正相关。此外,组织支持感还可以提高员工留在组织中的愿望。Witt 和他的同事(1991)检验了组织支持感和员工继续留在组织中的愿望之间的关系,研究使用了由 Hrebiniak 和 Alutto(1972)开发的问卷,通过测量员工感知到的组织所提供的较高的工资、职业上的自由以及比较友好的同事关系等内容来预测员工离开组织的倾向。结果表明,组织支持感越强烈的员工,继续留在组织中的愿望也越强。

③ 组织公民行为

George 和 Brief(1992)的研究发现,组织支持感可以使员工产生一些组织公民行为,如帮助组织避免风险、提供建设性意见、帮助同事等。Jacqueline 和 Conway(2005)在英格兰西南部的一个地方政府部门进行的研究也得出了同样的结果。同时,Wayne 等(2002)的研究发现,组织支持感与组织当中的消极行为(如消极怠工、缺勤)呈负相关。

④ 工作绩效

Kraimer 等(2001)研究了组织支持感、领导 - 成员交换(LMX)和配偶支持对涉外员工的境外适应和工作绩效的影响。研究结果表明,组织支持感对涉外员工的境外适应有直接影响,并进而影响员工的任务绩效和关系绩效。领导 - 成员交换虽然对境外适应未产生明显影响,但对任务绩效和关系绩效具有直接影响。配偶支持则对境外适应和工作绩效均不存在显著影响。Chong 等(2001)对生产人员的研究表明,具有较高组织支持感的员工对看板管理(JIT)有更积极的态度,工作绩效提高幅度比较明显。Bell 等(2002)对销售人员的研究表明,具有良好组织支持感的员工,顾客对其服务质量的评价也相对较高。在这些研究中,研究者大多将组织承诺、组织认同、工作满意度等因素作为组织支持感影响工作绩效的中介变量。

2.1.5　组织支持感的作用机理

组织支持理论对组织支持感产生影响的内在心理过程进行了解释：首先，组织支持感是基于互惠原则的情况下，员工感受到组织的帮助，因此产生义务感，除了关心组织福利以外，觉得自己有义务帮助组织达成其目标；其次，组织支持感可以满足员工的社会情绪需求，让员工感受尊重、关心和认同，可促进员工和组织中的其他成员合作和认同自己在社会上的角色；再次，组织支持感可以强化员工有努力表现就会有回馈的信念，而这样的信念可以增加员工的组织绩效、工作满意度和组织承诺，减少离职意愿；最后，组织支持感提高了员工对组织的信任感知，员工相信组织将通过认可和奖赏他们想得到的态度和行为来履行交换义务，这种奖赏可能是非正式的赞扬、指导或正式的晋升、加薪。

在大多数的研究中，组织支持感对员工工作产出的影响均是直接影响，这就意味着组织支持感不经过中介变量的作用而直接带来这些产出。这一现象使得一些学者提出疑问，Armeli，Eisenberger，Fasolo 和 Lynch（1998）评论道："隐藏在组织支持感与员工工作产出关系背后的机理还很少被注意到。"这种现象在近年来的不少研究中得到了改进。Eisenberger，Armeli，Rexwinkel，Lynch 和 Rhoades 在 2001 年用"感知义务（felt obligation）"和"积极情绪（positive mood）"作为中介变量研究组织支持感对员工产出的影响；Whitener（2001）使用"人力资源实践（human resource practices）"和"对管理层的信任（trust in management）"作为中介变量研究组织支持感对员工承诺的影响；Allen，Shore 和 Griffeth 在 2003 年的研究中，将"工作满意度"和"组织承诺"作为中介变量来预测组织支持感对员工跳槽意图的影响；同年，Stinglhamber 和 Vandenberghe（2003）将"对组织的情感承诺（affective commitment to organization）"作为中介变量来研究组织支持感对员工跳槽意图的影响；Fuller, Baenett, Hester 和 Relyea（2003）采用“基于组织的自尊（organization-based self-esteem, OBSE）”作为中介变量预测组织支持感对组织承诺的影响；Kraimer 和 Wayne（2004）以“外派调整（expatriate adjustment）”和“组织承诺”为中介变量，考察组织支持感等因素对员工任务绩效、情境绩效等因素的影响；Chen, Aryee 和 Lee（2005）在研究中，将“对组织的信任（trust in organization）”和“基于组织的自尊”作为中介变量来预测组织支持感对员工的组织承诺、工作绩效和组织公民行为的影响。

周明建、宝贡敏（2005）以员工的情感承诺和工作满意度为中介变量，考察组织支持感和领导 - 成员交换（LMX）对员工工作产出的间接影响。结果发现，情感承诺和工作满意度的确可以在组织支持感和 LMX 与员工工作产出之间承担全部或部分中介的角色，这说明员工与组织之间、上司与下属之间的交换只有小部分是“直接交换”，大部分是“间接交换”。徐晓锋（2005）在其博士论文中以一家大型国有企业的 391 名员工为对象，运用量表调查法研究国有企业中员工组织支持感的作用。研究结果证实义务感、组织内自尊在组织支持与情感承诺和工作投入之间起中介作用。

综上所述，学者在组织支持感对员工产出影响机理上的探索已取得了一定的进展。从国内外学者的研究可以得知，员工感知到的组织支持不会直接带来工作产出，而是首先影响员工的内在心理或态度，然后才带来工作产出。

2.2 关于员工心理资本的研究

2.2.1 心理资本研究的理论背景

（1）人本主义心理观——心理资本研究的根本

人本主义心理观是心理资本理论研究的根本。人本主义心理观是人本心理学派的理论主张，它是 20 世纪 50 年代兴起于美国的一个心理学流派，被称为继精神分析和行为主义之后的第三大西方心理学势力。人本主义心理学家继承了西方性善论的人性观点，认为人具有潜在的善性和美德，通过教育和良好社会的建设，可以发现和挖掘这种良性；同时人本主义心理学还体现出人道主义的一些思想精神，关心人的价值尊严，倡导人类社会的公平正义，认为人类并不只是具有趋乐避苦的低级天性，追求真善美才是人类具有的本性。马斯洛（Maslow A）、罗杰斯（Rogers C）、罗洛·梅（May R）等是人本主义心理学派的代表人物，他们的主张反映了人本主义心理学的核心观点，也体现了心理资本研究内容的诸多渊源。

马斯洛的人本主义心理学说的基本主张有以下几个方面：人的内在无意识包括许多积极健康的经验，如追求真善美、追求自我实现等，人格发展不完善的原因之一就是有意识与无意识的对立；通过建立以健康的人、自我实现的人为导向的规范，个人才能避免错误的行为方式；心理学作为研究人的一门学科，需要考虑人的特殊性以及人类生活的目标和意义，不能以依赖于仪器、技术、程序、设备等方法中心或者技术中心的态度来研究人类，否则心理学将一味追求客观性，而实际上却远离了人类的现实生活。人本主义心理学应该以解决个人或社会的问题为中心，选择顺应和服务问题的方法，并且将整体研究与整体分解研究相结合，特别注意要把握人的部分心理状况对人的整个有机体的组织性和动力性作用。需要动机理论是马斯洛创建的最重要的人本主义心理学理论之一，他认为人存在从低到高的五个层次的基本需要，这五个层次的需要在人的心理发展的过程中，一般呈现出从无到有、从弱到强、递进满足的态势。个体满足了低层次的基本需要后将努力追求自我实现的需要。在需要动机理论的基础上，马斯洛延伸提出了自我实现论、高峰体验论、超越自我论、Z 管理学说等。Z 管理也称为优心态管理，它是基于假设问题“如果我们承认，每个人对美、真实、公正、成功等价值都有本能的需求，那么为何并非每个人都有创造力?”而提出的，在组织中若想提高员工的创造力，需要解决的关键问题是什么样的工作、什么样的管理、什么样的奖赏和报酬对人性的健康成长及其日益完善有益，而问题解决的管理核心就是考虑如何用金钱无法购买的高级“报酬”激励员工，如归属感、尊严、敬重、欣赏、荣誉等，以及培养员工的最高价值，包括真善美、效率、卓越、正义、秩序等。如果说马斯洛概括的需要管理的优心态内容还停留在人性探讨和哲学思辨的阶段，那么把这些优心态与其主体的工作绩效联系起来，就成为心理资本可操作性的研究内容。

罗杰斯是另一位倡导积极人性观和个人潜能的人本主义心理学代表人物。他认为“人性不仅是乐观的、积极的，而且是富有建设性的；人性不是固定的实体，而是不断变化着的一股巨大的潜流，在每一个有机体中，在任何程度上，都有一股向着建设性地实现它的内在可能性的潜流”。罗杰斯更强调人具有能动的自我指导能力，可以依靠自己摆脱精神困扰。他认为自我概念是影响个体健康成长和自我价值实现的重要因素。自我是对自己特点以及相关事物的知觉，包括真实自我和理想自我两种类型。当真实自我与理想自我协调一致时，个体心理就是积极健康的；当真实自我与理想自我失调而偏差加大时，就容易导致焦虑、压抑等心理障碍。罗杰斯创建的“以人为中心的心理治疗观”把改变当事人的人格缺陷和不足的责任放在当事人自己身上，强调在营造真诚、和谐的关系中引导、启发当事人运用自我指导能力，促进求助者自己内在的健康成长。罗杰斯提出的自我论与马斯洛的自我实现论有着相似的基本观念，都强调潜能、责任和自我能动力量等，这些观点反映出了个体能够将内在的积极心理转化成为心理资本的条件特征，也说明了心理资本具有企业非占有性特征的缘由。

罗洛·梅的人本主义心理学的主要观点建立在其理解的人的存在观的基础上。罗洛·梅认为人是物质和精神的统合，是整体存在的。他认为人在世界中的存在方式主要有三种:一种是人与周围环境世界建立起的存在关系;另一种是自我与他人建立的关系方式;还有一种是人与自我的关系方式,即自我的内在世界。人的这三种存在方式互为条件,任何一种关系方式失调都可能造成心理疾病。罗洛·梅概括的健康人格的基本特征,包括自我中心性、自我肯定、参与、觉悟、自我意识、适度焦虑等,是人的心理健康与存在关系的一种反映,内容立足于现实,具有更强的现实操作性。罗洛·梅还对焦虑的形态做了区分,他根据人们应对焦虑的方式和反应,把焦虑分为正常焦虑和病态焦虑。正常焦虑表现为以一种建设性的态度和方式来解除焦虑,并不会引发心理疾病;而病态焦虑则通常采用压抑、禁忌的方式,力图缩小自己的意识范围来消除内心的矛盾冲突,反而容易加重焦虑程度。罗洛·梅强调现实存在与现实改变的观点以及焦虑理论等对于人们辩证地理解积极与消极心理、把握消极心理如何向积极心理的转换具有重要启示作用。

(2) 人力资本理论的不足

在西方经济学中,资本是指能够用于物质生产并能创造收益的资源。而第一个将人力视为资本的经济学家是经济学鼻祖亚当·斯密。一代经济学宗师亚当·斯密在肯定劳动创造价值以及劳动在各种资源中占有特殊地位的基础上,明确提出了劳动技巧的熟练程度和判断能力的强弱必然要制约人的劳动能力与水平,而劳动技巧的熟练水平要经过教育培训才能提高,教育培训则是需要花费时间和付出学费的。这可被看作人力资本投资的萌芽思想。亚当·斯密认为经济增长主要表现在社会财富或者国民财富的增长上。财富增长的来源取决于两个条件:一是专业分工促使劳动生产率的提高,因为分工越细人们劳动效率越高;二是劳动者数量的增加和质量的提高。亚当·斯密之后,李嘉图、穆勒、萨伊、马克思等对人力资本理论都做出了一系列经典的论述和补充。而 1979 年度诺贝尔经济学奖得主、素有“人力资本之父”之称的西奥多·W·舒尔茨在1960年美国经济学年会上的演说中则系统阐述了人力资本理论，并冲破重重阻力使人力资本理论成为经济学的一门新的分支。

人力资本理论得到经济学界认可后，传统资本的内涵便由物质资本（physical capital）扩展到人力资本（human capital）。物质资本被称为非人力资本（nonhuman capital），是指现有物质产品上的资本，包括厂房、机器、设备、原材料、土地、货币和其他有价证券等，并以物质的数量和质量表现出来。而人力资本则是体现在人身上的资本，即对生产者进行普通教育、职业培训等支出和其在接受教育的机会成本等价值在生产者身上的凝结，它表现为蕴含于人身上的各种生产知识、劳动与管理技能和健康素质的存量总和。很显然，传统的人力资本理论并没有将劳动力的心理健康状况纳入人力资本的范畴。但随着研究者对心理健康问题重视程度的不断提高，以及员工心理健康问题对企业人力资本投资收益影响的不断增强，愈加显示出人力资本理论存在不足之处。对此，理论界出现了新的声音，认为有必要将心理健康的内容纳入人力资本的研究范畴，以弥补其缺憾，而心理健康所涉及的积极心理要素与传统的人力资本或社会资本在性质上类似，可以单独称为“心理资本”。可见，对心理资本的研究完全是由完善现有人力资本理论的客观需求所导致的。

（3）积极心理学和积极组织行为学的兴起

学者对于积极心理学的探索，最早可追溯到20世纪30年代Terman关于天才和婚姻幸福感的研究，以及荣格的关于生活意义的研究（Seligman，2000）。但是第二次世界大战使这种积极心理学的研究被迫中断，战争及战后心理学的主要任务变成了治愈战争创伤和治疗精神疾患，研究心理或行为紊乱的秘密，找到治疗或缓解心理疾病的方法，而心理学对人的积极情绪的研究似乎被遗忘了。

毫无疑问,消极心理学在医治战争创伤、治疗精神疾患方面为人类社会做出了巨大的贡献。但是这种基于“治病”的消极研究倾向存在着先天的不足。它对人类心理中的积极面很少被关注,因而不但使心理学的发展走向了畸形化,而且也导致社会价值观的扭曲(崔丽娟,2005)。

20 世纪五六十年代,Maslow 和 Rogers 等人本主义心理学家开始研究人性积极的一面,他们的研究对现代心理学产生了深远影响,在一定程度上重新唤起了心理学家对心理活动积极面的重视,为现代积极心理学的崛起奠定了理念基础。但是,正如美国著名的心理学家 Martin Seligman 所言:“当一个国家或民族被饥饿和战争所困扰的时候,社会科学和心理学的任务主要是抵御和治疗创伤;但在没有社会混乱的和平时期,致力于使人们生活得更美好则成为他们的主要使命。”所以在 20 世纪五六十年代的时代背景下,人本主义心理学家的努力没有使主流的心理学研究主题发生根本的转移,再加上他们主要依靠个人的观察、体验和传记资料,缺乏必要的实验手段及实证根据,这也在一定程度上制约了人本主义心理学的发展。

在 20 世纪 90 年代,心理学家开始关注对于心理疾患的预防,例如,1998 年美国旧金山心理学协会年会的主要议题就是预防。在对于预防的研究中,研究者发现,对于抵御心理疾患起缓冲作用的是人类的力量:勇气、乐观、人际技能、信仰、希望、忠诚、坚忍等。因此,研究人性的积极方面,研究人类的力量和美德,并探索如何增强年轻人的力量和美德,帮助人们不断地发展自己,这将是更有理论价值和现实意义的事情(李金珍等,2003)。

基于上述的理论背景,以美国著名的心理学家 Martin Seligman 为首的一批富有远见的心理学家强烈呼吁,心理学应该承担起已被遗忘的重大使命:使个体变得乐观、幸福,并充分发挥个体自身的潜能,于是心理学家发起了积极心理学运动(positive psychological movement),并正式提出“积极心理学”的概念,指明积极心理学的目标在于“促进个人与社会的发展,帮助人们走向幸福,使儿童健康成长,使家庭幸福美满,使员工心情舒畅,使公众称心如意(Seligman,Csikszentmihalyi,2000;曾晖,2007)”。积极心理学强调心理学的研究应该改变以往侧重人的消极情绪或行为的研究,通过科学的方法来发掘积极心理因素和方法,以促进个体的潜能发展,提升个人的幸福感,增强团队和组织的有效性(Seligman, Csikszentmihalyi,2000)。Seligman 等的举措,扭转了心理学研究的局面,极大地开阔了研究者的思路,也极大地推动了积极心理学运动的蓬勃发展。

伴随着积极心理学研究浪潮的兴起,积极心理学运动的影响迅速向其他学科蔓延。首先受到推动的就是组织行为学。Luthans 是率先对积极心理学做出反应的组织行为学家。2002 年,他以积极心理运动作为基础和起点,正式提出了“积极组织行为学(positive organizational behavior,POB)”这一概念,并将积极组织行为学定义为“可被测量的、开发的,以及有效管理的积极导向的人力资源优势和心理能力的研究和应用,以利于工作绩效的改善”。他认为,这一界定实质包含了态度、人格、动机和领导等许多已有的组织行为学的概念(Luthans,2002a,2002b)。另外,他还指出了满足 POB 的三个方面标准:① 可测量性(being measurable),即 POB 的核心概念必须可量化,具有一定的理论背景和事实依据;② 与工作绩效的改进相关(being related to performance improvement in the workplace),即 POB 把焦点放在提升工作绩效上;③ 可开发性(open to development),即 POB 注重“状态概念(state-like concept)”,而非倾向性或特质概念(trait-like concept),这是因为从预测员工绩效和领导有效性的角度来看,单从倾向性和特质角度的论证已经不够了。

关于积极心理学运动对组织行为学的影响,组织行为学家 Luthans 和 Youssef 后来有过精辟的描述(Luthans, Youssef,2004):① 极大促进了积极组织行为学探讨活动的开展,使一些组织学家开始重视对个体特征、个体差异等积极特征因素的研究。他们强调这些积极特征可以使面临危机或不利境况的组织的生存能力和有效性得到提升。② 使得积极组织行为学研究的必要性和重要性获得广泛的认可。

在 Luthans 等的研究中,积极组织行为学主要关注那些导向积极的,能够被有效测量、开发和管理并与高绩效相关的心理资源或要素的研究和应用。2002 年,Luthans 等又创造性地提出“心理资本”的概念,认为心理资本是指那些建立在研究基础上的、积极的、可测量的、可开发的,并能够导致员工积极组织行为的心理状态。从个体层面来说,心理资本是促进个体成长发展与绩效提升的重要因素;从组织层面来说,心理资本所起的作用与人力资本、社会资本类似,能够帮助企业获取竞争优势。因此可以说,积极心理学的研究和积极组织行为学的兴起是心理资本研究最主要也是最直接的驱动因素。

(4) 超越人力资本和社会资本

心理资本理论认为,很有必要把单个资源(如积极组织行为学所提出的能力)看作一个潜在的核心构念或集成的资源组合的表现形式,而不应孤立地分析它们。个体层面的资源如自我效能感、乐观、坚韧性和追求目标实现的程度(希望的组成部分),是管理与调整其他资源,以获得令人满意的结果的关键性基础资源。

心理资本是建立在现有的人力资本和社会资本的理论和研究的基础上,并且超越了人力资本和社会资本。具体而言,人力资本强调“你知道什么”,诸如知识与技能;社会资本强调“你认识谁”,诸如关系和人脉;而心理资本则强调“你是谁”及“你想成为什么”,关注的重点是个体的心理状态。

心理资本可以涵盖知识、技能、专长以及经验,因为这些也属于“你是什么样的人”。对社会资本来说,也是这样。心理资本可以包括群体层面的构念,如社会支持和关系网络,因为这些也是“你是什么样的人”的一部分,尤其是在面临心理压力时就更是如此。然而,真正能体现超越心理能力的是心理资本,尤其是其中的“你在成为什么样的人”这一部分,这些能力在人力资本和社会资本中普遍被忽视了。也就是说,心理资本还包括了从现实自我(人力资本、社会资本与心理资本)向可能自我的转变(发展)。在组织实践中,心理资本能带来比人力资本和社会资本更大的影响,并且整体的心理资本的影响比它的各个构成部分(人力资本和社会资本)的影响之和要大得多(李超平,2008)。

2.2.2 心理资本的结构及其测量

(1) 心理资本的结构

对心理资本结构或内容的探讨一直是学者研究的重点。由于研究视角的差异和对心理资本内涵的理解的不一致,因而学者在心理资本的结构以及测量方法上至今没有达成一致。代表性的比如,Goldsmith,Veum 和 Darity(1997)认为,心理资本主要由自尊(self-esteem)和控制点(locus of control)两个因素构成,其中,自尊是一个多维度概念,包括价值观、善良、健康、外貌和社会能力;控制点是指个体对影响自己生活和命运的某些力量的看法,包括内控和外控两个方面。年龄越小越有可能到外部世界去寻找这种力量,因为他们不知道“我”对“物”能起什么作用和影响。例如,年幼儿童对待学习的态度,往往不是出于自己的意愿,不是依靠自己的力量来控制学习,而是把学习看作遵循父母的命令、迎合世袭的传统,或者出于对学习的新鲜感。随着年龄的增长,儿童逐渐认识到自己所从事的活动及其结果,关键不在外部,而在自己的内部。他们开始认真地看待自己,控制点更多地落在内部。

而 Luthans(2002a,2002b,2004)则认为,积极心理资本是指自信(confidence)或自我效能感(self-efficacy)、希望(hope)、乐观(optimism)和坚韧性(resilience)四种积极心理能力,它们都是可以

测量、开发和管理的心理状态，并使个体取得更加有效的工作业绩（如生产率、客户服务和留职）。在这里，自信（或自我效能感）是指“个体对其发挥动机、认知资源和行动步骤的作用，以及成功管理给定情景中的特定任务的能力的信任程度”；希望是指“一种基于代理（目标导向的活力）和路径（实现目标的计划）之间的交互作用而产生的成功感的积极动机状态”；乐观可以由人们对好的事件和坏的事件的解释风格的两个关键维度（持久性和普遍深入性）来界定，是指人们把好的事件归因于内部、持久、普遍深入的原因，把坏的事件归因于外部、暂时和特定情景中的原因的积极解释风格；坚韧性是一种从逆境迅速恢复的能力，具有坚韧性的人表现为坚定地接受现实、受稳定的价值观支持而深信生活的意义、神奇的临时应对和适应重大变化的能力。

Luthans 和 Youssef（2004）又明确表示，积极心理资本由自我效能感（或自信）、希望、乐观和坚韧性四个维度构成，这些都是个体的基本心理力量和状态，都符合积极、独特、可以测量、可以开发和与绩效相关等积极组织行为的标准。

然而在 Luthans 等（2004）与 Jensen 和 Luthans（2006）的研究中，他们在测量心理资本时，只考虑了希望、乐观和坚韧性三种积极心理状态，强调心理资本是由希望、乐观和坚韧性合并而成的更高层次的核心构念，并把希望、乐观和坚韧性三个变量各自的标准分数相加，得到心理资本的测量值。

除了上述代表性的观点，本书还对现有的其他文献进行了详细的梳理，并将已有的心理资本结构研究列举了出来，见表 2.2。从表 2.2 中可以看出，尽管不同研究者所提出的心理资本结构具有共同的要素，如乐观、自信（自我效能感）、希望和复原力，但总体来说，心理资本结构的研究结论还存在较大差异。笔者认为，造成这种结果的原因可能有以下几个方面：① 研究者的背景及研究视角差异较大；② 研究者所掌握资料的数量与质量存在差异；③ 研究对象存在差异;④ 研究取样的数量与代表性不同。另外,表 2.2 所列的 10 种心理资本评价量表中,只有个别量表的信度与效度得到了验证,如 PCQ-24,其余量表的信度与效度还有待进一步检验。因此,对已有心理资本量表信度与效度的检验是今后研究的重点内容之一。

表 2.2 心理资本结构研究

研究者	量表名称	结构要素
Goldsmith(1997)	心理资本量表	自尊
Judge(2001)和 Cole(2006)	核心自我评价构念量表	自尊、自我效能感、控制点和情绪稳定性
Jensen(2003)	心理资本评价量表	希望、乐观状态、自我效能感、复原力
Letcher(2004)	大五人格(心理资本)评价量表	情绪稳定性、外向性、开放性、宜人性、责任感
Page 等(2004)	积极心理资本评价量表	希望、乐观、自我效能感(自信)、复原力、诚信
Larson 等(2004)	心理资本量表	自我效能感、乐观和复原力
Luthans (2005,2007)	心理资本问卷 (PCQ-24)	希望、现实性乐观、自我效能感/自信、复原力
Luthans 等(2006)	积极心理状态量表	希望、乐观、复原力
Avey 等(2006)	心理资本状态量表	希望、乐观、复原力、自我效能感
Jensen 等(2006)	心理资本状态量表	希望状态、乐观状态、复原力

资料来源:根据王雁飞(2007)及相关文献整理。

(2) 心理资本的测量

目前,心理资本的测量方式主要有以下三种:

① 自我报告法。通过编制心理资本测量问卷进行(追踪)测量或通过实验研究法来收集员工心理资本状况的数据或资料。这种方法易于实施,但也存在一定的局限性,例如数据来自于自我报告和同一来源,因此如何避免共同方法变异(common method variance）、自我报告偏差，提高研究的外部效度是研究者需要考虑的问题。

② 观察法或专家评价法，即通过第三方获得被评价者个体心理资本方面的资料。

③ 结果变量的测量。由于心理资本与一些结果变量有密切的关系，因此对这些结果变量进行测量有助于研究者了解心理资本的状况。

2.2.3　心理资本的影响效应

已有研究表明，心理资本对员工个体工作态度和绩效等方面会产生影响，但影响的内在机理目前还没有形成一致的结论。

首先，有些学者认为，心理资本对个体层面的相关结果变量具有直接的影响。比如 Judge（2001）关于心理资本的元分析（meta-analysis）研究表明，心理资本可以解释员工自评绩效 20%～30% 的变异。同时，心理资本要素之间的相关性较强，因此可以采用综合指标来测量。Peterson 和 Luthans（2002）进行的一个初步的实证研究结果证明，希望水平较高的管理人员，其管理的工作部门的绩效较高，下属的留职率和满意度也较高。Luthans 和 Jenson（2002）研究发现，企业家的希望水平与他们对企业所有权的满意度之间存在正相关关系。此外，也有一些研究结果表明，乐观与高水平绩效和高留职率相关，管理人员和员工的绩效、满意度、留职和压力，都与乐观水平相关。Luthans 等（2005）通过对 422 位中国员工的实证研究，探讨了心理资本与他们的工作绩效之间的关系。研究结果表明，中国员工的希望、乐观和坚韧性三种积极心理状态，都与他们的主管评价的工作绩效正相关，而且希望、乐观和坚韧性合并而成的心理资本与他们的工作绩效之间的正相关关系更强些；心理资本与员工的绩效工资正相关。该研究的结果从一定程度上说明，在我国越来越重视人力资源的背景下，为了全面认识和开发企业人力资源的积极心理力量，改善企业绩效和提升企业的竞争力，人们不仅应该重视人力资本的投资与开发，还应该关注心理资本的研究、开发和管理。Luthans 和 Jensen(2005)研究结果显示，护士的心理资本与直接领导对她们的留职意向(intent to stay)及对医院的使命、价值观和目标的承诺的评估有很高的正相关关系。Avey，Patera 和 West(2006)通过对 105 名工程管理人员的研究，考察了心理资本与员工的旷工(absenteeism)之间的关系。结果表明，希望、乐观与被试的非自愿和自愿旷工存在负相关关系，整体的心理资本(由希望、乐观、坚韧性和自我效能感合并而成)比单独的自我效能感、乐观和坚韧性更能预测员工的自愿旷工；整体的心理资本比单独的自我效能感、坚韧性和希望更能预测员工的非自愿旷工；整体的心理资本与工作满意度和组织承诺相比，能更好地预测员工的非自愿旷工。Larson 和 Luthans(2006)采用了由 74 位员工构成的样本，考查了心理资本对员工工作态度的预测作用。研究结果表明，员工的心理资本与其工作满意度($r=0.373$)和组织承诺($r=0.313$)显著正相关，而且，与人力资本和社会资本相比较，员工的心理资本对这些工作态度的影响作用更大。我国学者仲理峰(2007)采用对 198 对国有企业直接领导和员工的实证研究，检验了希望、乐观和坚韧性三种积极心理状态及心理资本与员工的工作绩效、组织承诺和组织公民行为之间的关系。结果表明，在控制性别和年龄两个人口统计学变量的效应后，员工的希望、乐观和坚韧性三种积极心理状态都对他们的工作绩效、组织承诺和组织公民行为有积极影响，员工的希望、乐观和坚韧性三者合并而成的心理资本，对他们的工作绩效、组织承诺和组织公民行为有积极影响，而且比单独的希望、乐观和坚韧性的影响作用都大。该研究在我国经济文化背景下，验证了心理资本及其三个维度都与工作绩效和组织承诺存在正相关关系，这与在西方文化背景下取得的结果相一致。另外，该研究还首次证明了心理资本及其各维度与组织公民行为之间存在正相关关系。此外，Jensen 和

Luthans 还研究了 148 位企业家的心理资本与其可信领导力(authentic leadership)之间的关系,发现企业家的心理资本及其三种积极心理状态构成要素都与他们自我感知到的可信领导力正相关。

其次,有的研究者认为,心理资本对个体层面的结果变量的影响可能是通过其他中介变量间接进行的。例如,Goldsmith 早在 1997 年就发现,心理资本不仅直接影响个体的自尊水平,还会通过控制点影响个体的薪酬水平。Cole(2006)的研究结果表明,心理资本通过影响个体的主观满意感来影响个体的动机,进而影响员工的工作搜寻行为。

此外,甚至还有研究者认为,心理资本是通过调节作用来影响结果变量的。例如,Cole(2006)以失业员工为对象的研究发现,在失业后的主观满意感与再就业的关系中,心理资本起调节作用,心理资本水平越高,主观满意感对再就业的促进作用就越明显。

2.2.4 心理资本的干预

心理资本的干预(psychological capital intervention,PCI)是心理资本研究中非常重要的内容之一,它的主要目标是影响个体心理资本中的每一个状态以及整体的心理资本水平,并最终影响个体的绩效。对于心理资本干预的研究,Luthans(2006)提出了著名的心理资本干预模型(如图 2.1 所示),并通过对管理学学生和一家大型的航空公司的工程师和技术人员的试验成功验证了该模型。在 Luthans 的模型中,可以通过一整套的可操作的干预措施来帮助个体树立希望、培养乐观精神、提升自我效能感并增强坚韧性。

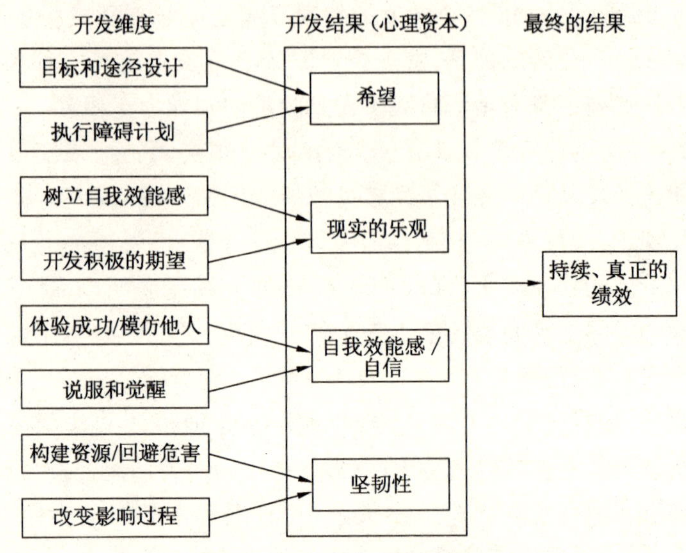

图 2.1　心理资本干预模型

资料来源:李超平,2008。

(1) 开发希望

希望受到目标、路径和动因的影响。具体来说,就是参与者练习制订与工作相关的目标,当然目标应该有明确的个人意义、合理的挑战性和清晰的时间起点和终点。除此以外,参与者为实现与工作相关的目标制定多条路径,确定有哪些需要克服的障碍,并制订相应的计划来克服这些障碍。在他们独立完成上述任务后,每个参与者都会接受来自群体的反馈,告诉他们还有哪些可供选择的路径以及在完成任务过程中可能会遇到的其他障碍。这种练习能增强每个参与者制定路径、鉴别障碍、制订计划来克服障碍的能力,这样就能削弱障碍对动因的负面影响。

(2) 开发乐观

在制定路径与制订计划克服障碍的过程中,逐步培养的自我效能感为积极预期奠定了基础。当参与者自信能够识别障碍并制订计划克服它时,他们实现目标的期望就会增强。当人们知道了可以通过什么路径来实现成功,也了解应该如何去克服障碍时,他们认为目标不能实现的消极期望就会减少。群体提供的反馈也会增强个体的期望,因为个体看到群体的其他成员也在期盼成功,就会为成功制订计划。当参与者对成功的期望增加时,不管是个人还是群体的乐观都会增加。

(3) 开发自我效能感

参与者练习采用级进式技术来设置目标。首先,他们向小组解释每一个子目标(每一步)以及如何实现每一个子目标的相关问题,这样参与者就掌握了应该如何设计和实现目标。与此同时,当参与者目睹他人都在朝着各自的目标努力奋斗,听到他人是如何获得成功的故事时,就会出现替代学习。由于实现目标需要积极的期望、推动者与群体成员的社会说服、有效时间安排的作用,因而这一阶段也会出现情绪觉醒。

(4) 开发坚韧性(复原力)

充分认识到自己拥有哪些个人资产,如天赋、技能和社会资本,能够增强个体的坚韧性。首先,参与者会被问到,他们会利用哪些资源来帮助自己实现特定的目标。在参与者将自己想到的资源项列出来之后,推动者和群体成员会帮助参与者找出其他一些可用的资源,并会鼓励参与者尽可能地去使用这些资源。在制订计划解决障碍时,参与者首先被鼓励去提前识别那些会影响自己成功的障碍。在开发希望的练习中,侧重点是制订计划以克服障碍,而在这个练习中,关注的焦点是避免障碍或阻止障碍严重化。最后,每一个参与者会认识到自己在面对逆境时的想法与感受(比如自信或绝望等),并会在评估克服障碍的资源和方法的基础上选择更有坚韧性的想法,这样就会对参与者产生积极的影响。

Luthans 的研究表明,通过以上各项干预措施,个体的心理资本水平会有显著的提高,工作满意感会得到明显的改善,工作绩效也会有大幅度的提升。该研究对于心理资本的培养与提升具有重要意义,它表明通过培训、干预等外在手段,心理资本可以在短时间内得到极大的提升,这对于企业如何利用培训与学习来提高员工的心理健康水平具有重要的启示意义。但目前,此类研究尚处于起步阶段,相关措施还需要通过不断的探讨与验证才能进一步推广。

2.3 关于员工工作绩效的研究

员工工作产出(work outcomes),也称员工产出(employee outcomes),是员工工作的结果,它通常是一组变量,包括工作绩效、组织公民行为、工作满意感、跳槽意图、留职意图、旷工率、压力疲劳感和工作-家庭冲突等。

本书将员工工作绩效作为员工的一项工作产出来考察。之所以引入工作绩效变量,是因为任何企业都非常重视此变量,并且企业所采取的各项措施最终目的也是为了提高员工工作绩效,从而提高企业的整体绩效。而且长期以来,对于员工工作绩效的研究一直就是人力资源管理和组织行为学研究的重点。研究的内容主要包括工作绩效内涵的界定、含有的结构维度、测量方式以及相关的影响因素等。鉴于第1章已经探讨过工作绩效的内涵,这里主要对工作绩效的结构维度、测量方式与主要影响因素的文献进行回顾和评述。

2.3.1 工作绩效的结构维度及其测量

(1) 工作绩效的结构维度

历史上,工业与组织心理学家通常将工作绩效视同工作成果,看作单维度概念,简单地将绩效等同于任务绩效,或者将焦点集中于整体绩效(overall performance)。而到了20世纪70年代,行为结构模型研究的开创者Katz和Kahn(1978)提出了类似公民绩效的概念,将工作绩效划分为五类行为:与同事的协调活动、执行制度规定的行动、改善组织的创造性建议、为组织的额外职责自我培训、为组织创造便利的外部环境。

此后,学者纷纷开始探讨绩效的多维结构问题。比如 Dalton(1980)将绩效分为硬绩效和软绩效,指出硬绩效是指生产量、销售额等易于衡量的指标,而软绩效则是那些主管评价、自我评价等主观性较强的指标。Campbell(1990)的研究提出,工作绩效应包括以下几个方面:指定工作任务的熟练性;本职工作之外任务的熟练性;书面和口头沟通能力;付出的额外努力;愿意在艰苦条件下工作;维持纪律避免消极行为;支持、帮助同事或团队取得绩效;领导、组织、监督与管理等。Borman 和 Motowidle(1993)在前人研究的基础上,进一步提出了较具代表性的结构模型,将工作绩效分为任务绩效(task performance)和关系绩效(contextual performance)两个维度,认为关系绩效和任务绩效同等重要,都是工作绩效必不可少的组成部分。这里的任务绩效是指员工工作"分内"的行为,是个体工作角色所要求和必须完成的活动;而关系绩效是指员工自愿执行的非正式规定,但对组织又十分有益的行为,如利他行为和对规则的遵从等。此外,Dyne 等(1995)将工作绩效分为角色内行为(in-role behavior)与角色外行为(extra-role behavior)两个维度,提出了两个维度的角色动态模型,并在两个维度的基础上,划分了四个具体的角色外行为:组织公民行为、亲社会行为、吹风行为(whistle blowing)和原则性的组织分歧。对此,一些研究者认为,Van Dyne 等(1995)的角色内、角色外行为区分与 Borman 和 Motowidle(1993)的任务绩效、关系绩效相互对应,即角色内行为基本可以对应于任务绩效,角色外行为基本可以对应于关系绩效。

(2)工作绩效的测量

Cascio(1998)把绩效评定定义为对个人或群体与工作有关的优缺点的系统描述。绩效测量主要分为以下两种类型:非判断性测量和判断性测量。非判断性测量包括生产数据和人事数据(如事故率、离职率、缺勤次数等),其重点不是行为,而是行为的结果;判断测量侧重于对个体行为的评价。

Campbell(1990)认为,目前对员工工作绩效的评价已由基于结果的评价逐步转向基于行为自身的评价。而西方关于工作绩效的模型当前大都采用的是“任务-关系绩效”双因素模型,即既考核个体完成任务的情况,又考核“与完成任务没有直接关系,但有利于任务完成的行为”。这一模型的主要特点是把工作绩效考核从任务说明书中的内容(即任务绩效的内容)扩大到工作说明书以外的行为(关系绩效),或者说是个体在组织中的一般性行为(王登峰,2006)。我国学者王辉等(2003)采用验证性因素分析的方法在我国文化背景下检验了任务绩效与关系绩效在结构上的差异,结果表明任务绩效和关系绩效在结构上是可以区分开的,二者具有不同的构面(construct domain),从而支持了任务绩效与关系绩效二因素绩效模型。本书的研究也是基于这一趋势来对员工工作绩效进行测量的。

2.3.2 工作绩效的影响因素

近年来,有关工作绩效的预测研究成为研究人员关注的热点问题。研究人员总是希望能够了解有哪些因素影响个体的工作绩效,这些因素与工作绩效之间的作用机制又是如何。以往研究认为,影响员工工作绩效的因素主要有两个方面:员工个体内在的特质和外在的工作环境。其中,对员工内在的特质研究较多,主要集中在人格、能力等方面;对外在环境因素的影响研究较少,主要是对可能影响人格、能力等预测因子与工作绩效作用关系的一些中介变量进行了探讨(罗正学等,2005)。本书根据研究的需要主要探讨个体因素如员工的内在特质(如人格等)、工作满意度、组织承诺、公平感以及组织支持感等因素的影响。

（1）个体内在特质的影响

人格与工作绩效的研究是 20 世纪工业组织心理学研究最重要的主题之一。一般来说,研究可以分为以下两个阶段。

第一个阶段是 20 世纪初至 20 世纪 80 年代中期。这个时期研究人员主要集中研究各种不同的人格量表与工作绩效的关系,并且得出总体结论,他们认为人格与工作绩效之间不存在显著性相关。Guion 和 Gottier(1965)认为,没有证据显示人格测验可以作为人员选拔的一个好的工具,这个结论在 1990 年以前没有受到质疑。

第二个阶段是从 20 世纪 80 年代中期到现在。这个时期的研究有两个特点:一是采用人格五因素模型(big-five model of personality)或其他的一些变量对人格量表进行分类;二是采用元分析的方法对一些研究结果进行再分析。对五因素模型研究发现,人格至少与绩效的某些方面存在显著性相关。这个时期的研究取得了令人瞩目的成果。比如 Barrick 和 Mount(2001)对 15 篇有关人格与工作绩效关系的论文进行元分析发现,情绪性是许多不同工作情景工作绩效的有效预测因子,相关系数为 0.26;严谨性也是工作绩效的有效预测因子,与培训绩效的相关系数为 0.27,与团队工作绩效的相关系数为 0.27;如果考虑中介变量,其预测效果更好。外向性与某些职业的工作绩效相关,与团队绩效的相关系数为 0.16,与培训绩效的相关系数为 0.28,与管理绩效的相关系数为 0.21;宜人性和开放性与工作绩效呈弱相关,但宜人性与团队绩效的相关系数达到 0.34。Hurtz 和 Donovan(2000)研究报道严谨性与整体工作绩效的相关系数为 0.22,情绪性为 0.14,外向型为 0.09。

随着研究的不断深入,研究人员对工作绩效本身的结构有了深入的了解。研究人员进一步对人格与工作绩效结构中不同维度的关系进行了研究。Hattrup(1998)报道严谨性与关系绩效的相关性高于与任务绩效的相关性;LePine 和 Van Dyne(2001)认为严谨性、外向性和宜人性与关系绩效的相关性强于与任务绩效的相关性。

（2）工作满意度的影响

作为员工的一种最主要的工作态度，工作满意度与工作绩效间的关系问题始终是学者讨论和研究的重点。系统整理、归纳已有的研究文献，有关两者关系的研究并未得到完全一致的结论，目前主要存在两种对立的观点（夏凌翔，2002）。

第一种是因果关系论。早期的研究认为，工作满意度与工作绩效间存在简单的因果关系，主要体现在两个方面：一是认为工作满意度会导致工作绩效。其理论基础是社会心理学中关于态度导致行为的观点。社会心理学中关于态度的许多论述与研究都提及了态度中的行为成分，并认为态度能引起行为甚至态度本身就是一种行为倾向。对此，Sheridan 和 Slocum（1975）的研究就发现，工作满意度与员工绩效之间呈显著的正相关关系，员工的工作满意度能有效预测员工的绩效。二是认为工作绩效导致工作满意度。其理论基础就是那些关于行为导致态度的理论，如期望理论、自我决定理论（self-determination theory）。这种看法在日常工作中也可以获得一些经验性的证明，如某人的工作干得好，会让他有成就感，并得到更多的报酬、表扬和提升，因此他对工作就会更满意。Porter 和 Lawler（1968）对此的研究发现，工作绩效的改进可以导致员工工作满意度的增加。

第二种是非因果关系论。由于对因果关系论的实证研究的结果是矛盾的，后来的许多学者都放弃了对工作满意度与工作绩效间的因果关系的寻求，转而从其他角度来看待它们之间的复杂关系，这就是当前许多学者都持有的“非因果关系论”，即两者间并不存在显著的相关性。比如 Iaffaldano 和 Muchinsky（1985）用元分析方法估计出的工作满意度与工作绩效间的相关系数仅为 0.17，并将它们之间的关系描述为代表了管理风尚的虚幻相关。Mayer 等（1989）在研究组织承诺与工作绩效间的关系时也发现，工作满意度与工作绩效并没有显著的相关性。

综上所述,关于关于工作满意度与工作绩效间关系的研究虽然陷入了困境,但总的来说,多数学者还是持两者相关的结论。

(3) 组织承诺

对于组织承诺与工作绩效间的关系问题,学术界一直非常重视。多数研究认为两者间存在正向的相关关系。代表性的研究如Mowday等(1982)曾发现,具有较高组织承诺(organizational commitment)的员工往往比其他员工有更多的工作导向行为。这是因为其工作满意度相对较高,认为工作能够满足自己的个人需要,因此他们更倾向于为组织利益付出巨大努力。Allen和Mayer(1996)的研究也持相同观点,认为组织承诺的情感承诺和持续承诺两个维度能激发员工的工作满意度、归属感和责任心,从而使工作绩效增加。Power(2000)在对全球化、虚拟环境下的团队承诺的前因与结果变量的研究发现,个体对虚拟团队的承诺会对工作满意度和工作绩效产生影响。其中,组织承诺中的规范承诺与情感承诺与工作流程及团队意识等呈正相关,但持续承诺在虚拟环境下与工作绩效间的关系并不显著。

(4) 组织支持感

现有关于组织支持感与工作绩效的相关研究,主要是基于Eisenberger(1986)对组织支持感的研究进行的,相关研究主要有Eisenberger等(1986,1990,2001);Shore和Wayne(1993);Wayne等(1997);Chong等(2001);Chen, Aryee, Lee(2004);Pearce和Herbik(2004)等的研究,具体研究结论见表2.3。

表2.3　组织支持感与工作绩效的相关研究

代表性研究	主要结论
Eisenberger等(1986,1990)	组织支持感有助于促进组织行为,与缺勤率呈负相关,与工作绩效呈正相关
Wayne等(1997)	组织支持感较高者具有较高亲社会行为

续表

代表性研究	主要结论
Armeli,Eisenberger,Fasolo 等(1998)	对308名巡警的研究表明,社会情感需要在组织支持感与警察工作绩效之间起调节作用,具有较强社会情感需要的被试,其组织支持感与工作绩效之间存在显著正相关关系;而社会情感需要较弱的被试,组织支持感与工作绩效之间相关不显著
Kaufman,Stamper,Tesluk (2001)	将组织公民行为区分为对组织的和对同事的公民行为(OCBO 和 OCBI)研究表明,组织支持感与 OCBO,OCBI 均存在显著相关,但对 OCBO 的预测作用较 OCBI 更强
Marie 等(2001)	组织支持对涉外员工的境外适应有直接影响,并进而影响员工的任务绩效和关系绩效
Chong 等(2001)	对生产人员的研究表明,具有较高组织支持感的员工对看板管理(JIT)有更积极的态度,工作绩效提高幅度比较明显
Eisenberger,Armeli,Rexwinkel(2001)	组织支持感与组织承诺、工作绩效存在显著相关,个体交换观念在组织支持感与工作绩效之间起调节作用
Bell 等(2002)	对销售人员的研究表明,具有良好组织支持感的员工其服务质量的顾客评价值相对较高
Chen, Aryee, Lee(2005)	组织支持感与组织信任(TIO)和基于组织的自我效能感(OBSE)显著相关,TIO 和 OBSE 在组织支持感与组织承诺、角色内绩效之间起中介作用
Pearce, Herbik(2004)	通过对团队水平的支持研究发现,团队支持感对于团队公民行为具有重要影响

资料来源:根据相关文献整理。

2.4 关于员工组织承诺的研究

本书选择的第二个工作产出变量是员工对组织的情感承诺。

员工情感承诺是指员工为企业努力工作、对企业忠诚完全是出于对组织的感情,而非物质利益的吸引,反映了个体在情感上认同和卷入一个特定组织的总强度。因其是组织承诺的一个代表性的维度,所以这里首先对组织承诺的相关研究进行回顾。

2.4.1 组织承诺的内涵

美国社会学家 Becker(1960)首次提出“组织承诺(organizational commitment)”这一概念,并把它看作随着员工对组织“单边投入”的增加,自己害怕离开组织会遭遇损失,而不得不继续留在该组织的一种心理现象。这种单边投入可以指一切有价值的东西,如福利、精力、已经掌握的只能用于特定组织的技能等。可见,员工对组织的承诺是基于“经济人理性”的假设,是员工与组织之间的一种“交易”,而非出自任何情感的需要。

此后,许多学者从不同的角度对组织内涵进行了探索。比较典型的如 Wiener(1982)用认同过程理论解释组织承诺,将组织承诺定义为“由于内化的行为规范的压力而使员工的行为符合组织的目标和利益”,认为员工会因为感到自己对组织有一种“义务”从而觉得自己“应该承诺于”该组织。加拿大学者 Allen 与 Meyer(1990)总结以往的研究则认为,组织承诺可以被定义为个体对组织的情感依赖,这种依赖表现为对组织的强烈认同、身心投入和对同事的喜爱。组织承诺存在三个不同的维度:持续承诺(continuance commitment)、规范承诺(normative commitment)和情感承诺(affective commitment)。持续承诺与 Becker 提出的承诺概念类似,即指员工由于怕失去在企业长期积累起来的各种利益(如职位、住房、福利等)而不得不选择继续留在该企业的承诺。可以看出,这种承诺完全是出于员工对自身经济利益的考虑,而不是出于对企业的奉献,所以它是一种交易色彩浓厚的承诺。规范承诺是指员工由于受社会风气、学校教育、传统文化的长期影响或熏陶,出于责任或义务而感到应该留在企业的承诺。而第三个维度情感承诺是指个体在情感上认同和卷入一个特定组织的总强度,它具有三个特征:个体对组织目标和价值观的强烈信仰和接受;个体愿意为组织利益做出最大努力;个体对保持该组织的成员身份有强烈的愿望。

可以说,自 Berker(1960)的研究以来,组织承诺理论获得了巨大的进展。不同的学者从不同的角度给出了自己的定义,所以对于组织承诺的内涵至今没有一个统一的说法。但从现有的文献来看,得到学术界广泛支持和认同的是 Allen 与 Meyer(1991)的定义及其将组织承诺划分为三个维度的思想。

2.4.2 组织承诺的维度与测量

关于组织承诺的维度与测量也经历了多种变迁,回顾已有的研究主要有三种维度的划分与测量。

一是 Allen 与 Meyer(1990)的三因子模型。他们将组织承诺分为三个不同的维度:持续承诺(CC)、规范承诺(NC)和情感承诺(AC),并开发了一个包含 24 个项目(每个维度 8 个项目)的量表对三个维度进行测量。同时,为了检验这三个维度测量的区分效度,Allen 与 Meyer(1990)还对三个维度和组织承诺的量表(OCQ)进行了对比,结果发现情感承诺(ACQ)和组织承诺的量表(OCQ)之间的显著相关系数达到 0.83,这意味着传统的组织承诺的量表的确主要是用于测量“情感承诺”。此后,Meyer 等(1993)在研究中又对上述的“组织承诺量表”进行了修订,把每个维度的项目从 8 个减少为 6 个,并对一些项目的表述做了调整,随后的检验表明,这三个维度的效度是可靠的。

二是来自 O'Reilly 和 Chatman(1986)的三因子模型。他们对组织承诺维度的划分主要是基于 Kelman 的研究。Kelman(1958)在对关于“态度转变的过程”的一项调查中发现,人类态度的转变要经历三个不同的过程:顺从(compliance)、认同(identification)、内化(internalization)。当人们为了获得特定的报酬或避免特定的惩罚时,就会采取顺从的态度和行为;当人们为了和某个人或群体维持一种自认为满意的关系时,就会采取认同的态度和行为;当人们发现另一个人或群体的价值观与自己的价值观体系相吻合时,就会采取内化的态度和行为,即将对方的价值观内化为自己的价值观。正是基于Kelman的这一研究,O'Reilly和Chatman(1986)把组织承诺分为三个维度——顺从、认同和内化,并开发了一个包含21个项目(每个维度7个项目)的量表来测量。但是,学者仔细比较后发现,"认同"和"内化"两个维度可以归入Allen与Meyer(1990)的"情感承诺",而"顺从"维度与Berker(1960)的"单边投入"理论相当,因此可以归入"持续承诺"。

三是我国学者凌文辁、张治灿、方俐洛(2000)的五因子模型。他们认为"不同国家因国情、制度和文化的不同,其职工的组织承诺行为既有共性成分,也存在差异性或特殊性。所以,我们不能照搬西方的理论模式和方法来指导中国的管理实践"。经过一系列的研究,凌文辁等得到了中国职工组织承诺的五因子模型,即在西方学者提出的持续承诺(CC)、规范承诺(NC)和情感承诺(AC)三因子基础上,增加了理想承诺和机会承诺两个因子,而使用随后编制的相应测量量表,信度和效度的检验也均证实了这五个因子。

2.4.3 组织承诺的前因与结果

(1) 组织承诺的前因变量

组织承诺的前因变量主要可以归纳为三类:工作因素、组织因素和个人因素。

工作因素包括工作的挑战性、职位的明确程度、目标难度等。关于工作因素对组织承诺的影响的研究发现,组织承诺与工作自发性、更高质量的工作关系呈正相关,与工作地点大小、工作-家庭冲突的发生频率呈负相关(阳志平,2004)。Meyer和Allen等(1991)

的研究发现，满意感、工作的挑战性等会影响情感承诺。

组织因素主要包括组织支持，组织可依赖性、公平性，管理层对新观点、新思想的接纳程度，集体工作精神等。Meyer 和 Smith（2000）的研究认为，员工感知到的组织公正和组织支持在组织人力资源实践与员工组织承诺之间起中介作用，具有较高的组织公正和组织支持感的员工往往有着更高的组织承诺。Randall 等（1999）研究表明，较高的情感承诺与较高的组织支持感显著相关。

个人因素包括年龄、工龄、婚姻状况、受教育程度及工作经历等。Meyer 和 Allen（1991）认为，年老的员工更有可能对企业产生情感承诺。Mowday（1979）则认为，组织承诺与个人受教育程度呈负相关。虽然因研究对象和方法上的差异，导致有关个人因素对组织承诺影响的研究结论有所不同，但总的来说，个人因素对组织承诺有很大的影响则是无可置疑的。

（2）组织承诺的结果变量

绩效和员工的退缩行为是组织承诺研究中常用的两类结果变量。研究者对组织承诺与工作绩效之间的关系尚没有取得一致的意见。Steers（1977）认为几种承诺与工作绩效之间有微弱的相关，组织承诺与工作绩效之间没有直接的或一致的关系。Randall 等（1999）认为，只有组织支持与工作绩效有关。还有的学者指出，组织承诺与工作绩效之间可能存在中介变量，如工资报酬有可能在组织承诺和工作绩效之间起调节作用，如果企业的薪酬直接与员工的绩效挂钩，那么持续承诺与业绩之间可能会高度相关。员工退缩行为主要表现在离职意向、出勤率、工作转换等方面。Steers（1977）在研究中发现，组织承诺能够增强员工留在企业的愿望和意愿，而且组织承诺与员工的转换意向有密切的关系。

2.5 现有研究的启示

自 Eisenberger 等(1986)对组织支持感进行开创性研究以来,国外学者纷纷开展了广泛的研究。他们对组织支持感的前因变量、结果变量等做了深入的探索和研究,并得到了许多具有实践意义的结论。同时国内学者也对组织支持感的形成原因及影响机制展开了相应的探讨,得到了许多符合我国文化背景的结果。这些研究使得人们对这一概念有了更深入的了解,但总结以往研究,同时也发现其中存在一些不足之处,值得人们进一步开展深入研究。

首先,国外学者一般把组织支持感看作单一维度的概念。到目前为止,国外相关研究中只发现 Bhanthumnavin(2003)、Kraimer 和 Wayne(2004)开始尝试把组织支持感分为不同的测量维度。在中国,台湾学者李佳怡(2000)以台湾一家制造业企业员工为研究对象,将组织支持划分为生涯协助、领导关系、工作环境、工作生活平衡、自我成就发展以及目标明确性六个维度;凌文辁、杨海军、方俐洛(2006)探讨了我国文化背景下组织支持的多维心理结构,把组织支持分为工作支持、认同价值和关心利益三个维度。总体而言,国内对组织支持感的专门研究还比较少,且研究结果尤其是其维度划分有别于国外的研究,因此探讨我国组织文化背景下企业员工组织支持感的维度划分,并研究其对工作绩效的影响是非常有价值的。

其次,已有的一系列研究已经证明,组织支持感与多数员工工作产出相关,诸如组织承诺、工作满意度、离职率、工作绩效和组织公民行为等(Eisenberger et al,1990;Moorman,Blakely, Nieho,1998;Rhoades, Eisenberger,2002;Set-Vtoon,Bennett, Liden,1996;Wayne,Shore, Liden,1997)。但总结已有的研究不难发现,不管组织支持感是作为自变量还是中介变量,学者在研究它对员工工作产出的影响时,大都采用直接回归的方式,几乎没有中介变量,这一缺陷也引起了一些学者的关注。Armeli,Eisenberger,Fasolo 和 Lynch(1998)评论道:“隐藏在组织支持感与员工工作产出关系背后的机理还很少被注意到。”因此,后来的研究做了部分改进,如 Eisenberger(2001)用“义务感”和“积极情绪”作为中介变量研究组织支持感对员工产出的影响。同年,Whitener(2001)使用“人力资源实践”和“对管理层的信任(trust in management)”作为中介变量研究组织支持感对员工承诺的影响。Allen,Shore 和 Griffenth(2003)将“工作满意感”和“组织承诺”作为中介变量来预测组织支持感对员工跳槽意图的影响等。但少数研究并没有得出一致的结论,组织支持与员工工作产出间关系的内在机理还是没有被发现。

第三,关于组织支持感的个体差异性研究。在组织内部,不同年龄背景、不同学历背景、不同工作类型和工作年限的员工对组织支持的认同是否存在差别;不同性质的组织之间,员工间的组织支持感是否有明显差别,诸如这些重要问题的研究至今悬而未决,而这类问题如果不能得到很好的解决,组织的人力资源管理实践和人才战略就会迷失方向。

最后,关于组织支持感的跨文化研究。组织支持感是与文化背景紧密联系在一起的,不同文化背景下的人们对同一事物的认识和感受就会有所差别。我国的文化、社会和经济背景均与西方国家存在很大差别,这种环境是否会对员工的组织支持感有独特的影响?诸如此类的问题值得人们进行深入的探讨。

第3章 研究理论模型的构建

本章主要在第2章文献回顾的基础上,围绕研究的主题提出本书的理论模型,并在此基础上结合已有的相关研究进一步提出本书的基本假设。

3.1 研究的理论模型

对于员工组织支持感与其工作产出之间的关系,回顾已有的研究,目前大致分为两种观点。

第一种是直接影响效应论。其指出组织支持感对工作产出有直接的影响,员工的组织支持感增加,其相应的工作产出如工作满意度、组织承诺、工作绩效、组织公民行为等均相应增加。持有这种观点的如 Randall 等(1999)的研究表明,较高的情感承诺与较高的组织支持感显著相关,而较高的权衡承诺却与较低的组织支持感相联系。Cropanzano 等(2001)的研究也指出,工作支持和工作满意度存在正相关关系。Stinglhamber 和 Vandenberghe(2003)根据人际交往的互惠原则分析认为,较高的组织支持感主要通过三种机制来影响员工对组织的情感承诺。首先,组织支持感会使员工产生一种为实现组织利益和组织目标而做出贡献的责任感,促使他们用更高的组织承诺和更加努力地工作来回报组织。其次,组织支持感会通过满足员工的尊重、认同、归属等社会情感需要而提升其对组织的情感承诺,使他们产生强烈的组织归属感。另外,组织支持感还会使员工由于感受到同事的支持理解和对其能力的肯定而产生一系列积极的情绪体验，这些积极的情绪体验是与组织联系在一起的，会带来员工更多的组织承诺。Kraimer 等(2001)研究了组织支持感、领导－成员交换和配偶支持对涉外员工的境外适应和工作绩效的影响。研究结果表明，组织支持对涉外员工的境外适应有直接影响，并进而影响员工的任务绩效和关系绩效。Wayne 等(2002)的研究也发现组织支持感与组织当中的消极行为(消极怠工、缺勤)呈负相关。因此，从已有的研究文献来看，员工的组织支持感对其工作产出有显著的相关关系。

第二种是间接影响效应论。其指出组织支持感对员工工作产出的影响并不是直接的，而是一种间接关系，影响过程存在中间变量，但中间变量究竟是什么还不得而知。对此，部分学者进行了一些有益的探索。如有的学者用“义务感”和“积极情绪”作为中介变量研究组织支持感对员工产出的影响(Eisenberger,2001)。有的学者将“人力资源实践”和“对管理层的信任(trust in management)”作为中介变量研究组织支持感对员工承诺的影响(Whitener,2001)。还有的学者将“工作满意感”和“组织承诺”作为中介变量来预测组织支持感对员工跳槽意图的影响等(Allen,Shore, Griffenth,2003)。诸如此类的研究，学者都是从各自不同的视角来进行解释，结论也很不一致。因此，对于组织支持感究竟如何影响工作产出，这其中的机理至今仍未揭示。

最近几年，心理资本这一新概念的提出可以说为上述问题的解决提供了一条重要线索。对于心理资本的内涵，世界著名组织行为学家 Luthans(2005)从积极心理学和积极组织行为学的角度，将其理解为“个体积极性的核心心理要素，它位于人力资本和社会资本之上，并能够通过组织有针对性的投入和开发而使个体获取竞争优势”。具体而言，拥有较高心理资本的个体可表现为以下几方面：

① 在面对充满挑战性的工作时，有自信(自我效能感)并能付出必要的努力来获得成功；

② 对现在和未来的成功有积极的归因(乐观);

③ 对目标锲而不舍,为取得成功在必要时能调整实现目标的途径(希望);

④ 当身处逆境和被难题困扰时,能够持之以恒,迅速复原并超越以取得成功(坚韧性)。

心理资本作为员工内在的一种积极心理状态,已被证明对提升员工的工作绩效有积极的作用,而心理资本水平的高低又会受到组织内部氛围和领导行为的影响。因此,本书结合人力资源管理实践从逻辑上假设,认为当员工长时间感知到组织给予自己的各种支持时,心理上就会处于一种积极的心理状态,对待工作就会充满希望和乐观情绪,一方面会使自己对组织的忠诚度和归属感增加;另一方面会在工作上会全身心投入,并努力克服工作中遭遇的各种挫折,进而取得较好的工作绩效(包括任务绩效和关系绩效)。

综上所示,在本书提出的如图3.1所示关系模型中,组织支持感是自变量,员工工作产出是因变量,而员工的心理资本则作为组织支持感与员工工作产出间关系的中介变量。另外,该模型还将员工的一些人口特征和企业性质作为工作产出的控制变量考虑在内。

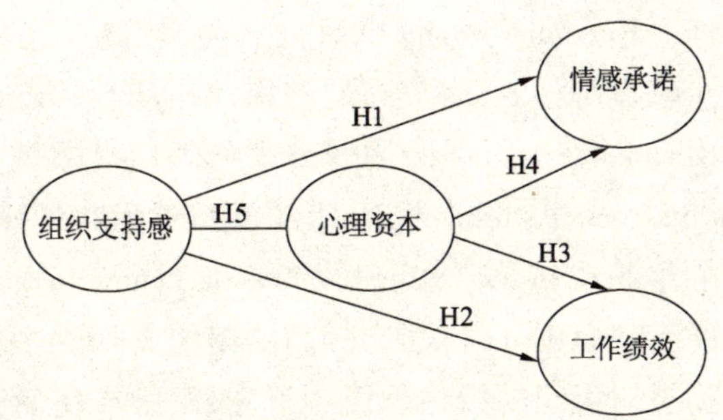

图3.1　组织支持感、心理资本与员工工作产出关系模型

3.2 研究假设的形成

3.2.1 组织支持感与员工工作产出

Rhoades 和 Eisenberger(2002)在系统总结截至 2002 年的所有 73 个独立研究之后,通过元分析得出结论,组织支持感与众多的员工工作产出变量相关,如组织承诺、工作满意度、工作投入、工作绩效、工作压力、留职意愿和离职行为。基于现有的文献,本书选择了情感承诺和工作绩效两个企业最关注的工作产出变量作为因变量来讨论员工的组织支持感对两者的影响方式。

(1) 组织支持感与员工的情感承诺

根据互惠原则,组织支持感会使员工产生一种关心组织利益的义务感、归属感以及情感需求的满足,从而增加员工对组织的情感承诺。从已有的研究来看,这一观点得到了一定的认可。比如 Eisenberger等(1986)认为,对员工社会情感需要的满足,会增加员工对组织的情感承诺。Meyer 和 Smith(1998)的研究指出,员工感知到的组织公正和组织支持在组织人力资源实践与员工组织承诺之间起中介作用,而具有较高的组织公正和组织支持感的员工往往有更高的组织承诺。Randall 等(1999)研究表明,较高的情感承诺与较高的组织支持感显著相关,而较高的权衡承诺却与较低的组织支持感相联系。Rhoades, Eisenberger 和 Armeli(2001)开展的纵向小组研究(a longitudinal panel study)发现,组织支持感影响情感承诺,而情感承诺不影响组织支持感。Stinglhamber 和 Vandenberghe(2003)根据人际交往的互惠原则分析认为,较高的组织支持感主要通过三种机制来影响员工对组织的情感承诺。首先,组织支持感会使员工产生一种为实现组织利益和组织目标而做出贡献的责任感,促使他们用更高的组织承诺和更加努力地工作来回报组织。其次,组织支持感会通过满足员工的尊重、认同、归属等社会情感需要而提升其对组织的情感承诺，使他们产生强烈的组织归属感。最后，组织支持感还会使员工由于感受到同事的支持理解和对其能力的肯定而产生一系列积极的情绪体验，这些积极的情绪体验是与组织联系在一起的，会带来员工更多的组织承诺。

根据已有理论推导并借鉴西方已有的研究成果，笔者认为，在我国的组织文化背景下，员工对组织支持的感知可能会带来对组织的情感承诺，因此可以得到下列研究假设：

H1——组织支持感与员工的情感承诺呈正向相关关系。

H1a——组织支持感的工作支持维度与员工的情感承诺呈正向相关关系。

H1b——组织支持感的利益关心维度与员工的情感承诺呈正向相关关系。

H1c——组织支持感的个人发展维度与员工的情感承诺呈正向相关关系。

H1d——组织支持感的支持性氛围维度与员工的情感承诺呈正向相关关系。

(2) 组织支持感与员工的工作绩效

根据社会交换的观点，只要交换双方都遵守一定的交换“规则”，那么随着时间的推移，各方之间就会形成一种信任、忠诚及相互承诺的关系(Cropanzano, Mictchell,2005)，这也是社会交换理论的一条基本原则(tenet)。当员工感知到组织给予的支持时，便会通过工作投入程度的变化来作为对他们从组织中获得资源的回报。而这种回报组织行动的最高深的境界(a very profound way)就是完全融入工作角色中，并提供更大的认知、情绪及身体(physical)资源，以更高的工作绩效来促进组织目标的完成。因此，根据社会交换理论的解释，员工的组织支持感(即组织回报)与其工作绩效(即员工回报)间必然存在一定的相关关系。对于这一观点，西方的研究已经给出了部分证明。

Eisenberger 等(1986,1990)研究发现,组织支持感有助于促进组织行为,与缺勤率呈负相关,与工作绩效呈正相关。George 和 Brief(1992)也认为,组织支持感有助于角色外行为的出现,包括帮助组织避免风险,提出建设性意见,主动获得有益于组织的知识和技能等,即基于互惠原则,员工一般选择角色外行为来作为对组织支持的回报,而不是选择提高效率。

Armeli,Eisenberger,Fasolo 等(1998)对 308 名巡警的研究表明,社会情感需要在组织支持感与警察工作绩效之间起调节作用:具有较强社会情感需要的被试,其组织支持感与工作绩效之间存在显著正相关关系;而社会情感需要较弱的被试,组织支持感与工作绩效之间相关关系不显著。

Kraimer 等(2001)研究了组织支持感、领导 - 成员交换和配偶支持对涉外员工的境外适应和工作绩效的影响。研究结果表明,组织支持感对涉外员工的境外适应有直接影响,并进而影响员工的任务绩效和关系绩效。领导 - 成员交换虽然对境外适应未产生明显影响,但对任务绩效和关系绩效具有直接影响。配偶支持则对境外适应和工作绩效均不存在显著影响。

Chong 等(2001)对生产人员的研究表明,具有较高组织支持感的员工对看板管理(JIT)有更积极的态度,工作绩效提高幅度比较明显。

Bell 等(2002)对销售人员的研究表明,具有良好组织支持感的员工,其服务质量的顾客评价值相对较高。

Chen, Aryee, Lee(2004)以中国南方部分企业为样本的实证研究发现,组织支持感与组织信任(TIO)和基于组织的自我效能感(OBSE)显著相关,TIO 和 OBSE 在组织支持感与组织承诺、角色内绩效之间起中介作用。

因此,基于上述理论逻辑和研究,本书认为员工对组织支持的感知会导致较高的工作绩效,由此可以得出以下几条假设:

H2——员工的组织支持感与其工作绩效呈正向相关关系。

H2a——组织支持感的工作支持维度与员工的工作绩效呈正向相关关系。

H2b——组织支持感的利益关心维度与员工的工作绩效呈正向相关关系。

H2c——组织支持感的个人发展维度与员工的工作绩效呈正向相关关系。

H2d——组织支持感的支持性氛围维度与员工的工作绩效呈正向相关关系。

3.2.2 心理资本与员工工作产出

在管理领域进行的许多研究都表明，心理资本及自我效能感、希望、乐观和坚韧性等维度与个体心理和行为变量有密切的关系，能够对员工的工作产出产生积极影响。

(1) 心理资本与员工工作绩效

在心理资本对员工工作绩效影响方面，Judge(2001)关于心理资本的元分析研究表明，心理资本可以解释员工自评绩效20%~30%的变异。Peterson和Luthans(2002)进行的一个初步的实证研究结果证明，希望水平较高的管理人员，其管理的工作部门的绩效较高，下属的留职率和满意度也较高。Seligman(2002)的研究也对此进行了验证，结果是与不太乐观的销售代表相比，乐观的销售代表卖出的人寿保险更多，他们的留职率也较高。其他一些研究结果也表明，管理人员和员工的绩效、满意度、留职和压力都与乐观水平相关(Peterson,2000;Schulman,1999)。Carr(2004)强调，乐观的员工能够积极地解释工作中的事件并经常拥有积极情感，而这些积极情感能够开阔他们的注意范围，使他们易于产生和接受新观念、新实践，并表现出更多的创造性。Luthans等(2005)通过对422位中国员工的实证研究，探讨了心理资本与他们的工作绩效之间的关系。研究结果表明，中国员工的希望、乐观和坚韧性三种积极心理状态，都与他们的直接领导评价的工作绩效存在正相关关系。而且，希望、乐观和坚韧性合并而成的心理资本与他们的工作绩效之间的正相关关系更强些；心理资本与员工的绩效工资正相关。Luthans, Youssef 和 Avolio(2007)指出，有坚韧性的员工能够更好地应对难题和逆境，并取得成功。

综上所述，可以预测心理资本及希望、乐观和坚韧性等积极心理状态能够对员工的工作绩效产生积极影响。因此，本书提出如下假设：

H3——员工的心理资本与其工作绩效呈正向相关关系。

（2）心理资本与员工的情感承诺

情感承诺是指员工与组织之间存在的能够降低主动离职可能性的一种心理关系，具体表现为员工对组织的心理依附和为组织付出努力。Luthans 和 Jensen(2005)的研究结果显示，护士自己报告的心理资本与直接领导对她们的留职意向(intent to stay)及对医院的使命、价值观和目标的承诺的评估有很高的正相关。Larson 和 Luthans (2006)采用一个由 74 位员工构成的样本，考查了心理资本对员工工作态度的预测作用。研究结果表明，员工的心理资本与其工作满意度($r=0.373$)和组织承诺($r=0.313$)显著正相关。而且，与人力资本和社会资本相比，员工的心理资本对这些工作态度的影响作用更大。Avey, Patera 和 West(2006)研究证明，心理资本及希望、乐观、坚韧性和自我效能感都与员工的旷工(absenteeism)负相关。

上述研究表明，心理资本及希望、乐观和坚韧性等个体的积极心理资源，对员工的情感承诺有积极影响。那些拥有较高水平的心理资本及希望、乐观和坚韧性的员工，更有可能执着地完成自己的工作任务、忠于自己的职责并坚定地应对逆境。因此，本书提出如下假设：

H4——员工的心理资本与其情感承诺呈正向相关关系。

3.2.3 组织支持感与员工心理资本

已有研究表明,组织支持感作为员工对组织实施支持行为的一种综合认知,长时间必然会对其内心的心理状态产生影响(Luthans,2008)。本书认为,员工对组织支持的感知可以为其心理资本的孕育创造一种积极环境。这可以从以下三个方面来解释:一是当员工感知到组织支持时,他们在组织背景下更可能以一种充满希望的心理方式去完成工作任务。二是当员工由于自己犯错需面对挫折时,这时组织支持可能会给员工带来较高的坚韧性水平,使得员工在遭遇挫折时能迅速调整恢复,这是因为他们不用去担心由于犯错而受到组织的惩罚,反而可能会集中精力继续干好手边的工作,将挫折置之身后,以一种积极的方式来应对挫折。三是组织支持还可以让员工产生一种积极、乐观的归因。比如,拥有组织支持感的员工对自己犯的错误更可能归因于外部环境的、不稳定的和具体的事件而非个人的知识、技巧和能力。即使将错误归于个人的因素,他们也会觉得可以换一种新的方式来解决工作中的难题。对此,现有的研究给出了部分证明。如 Eisenberger 等在 2001 年用“感知义务(felt obligation)”和“积极情绪(positive mood)”作为中介变量研究组织支持感与员工工作产出的关系,结果发现,组织支持通过影响积极情绪来正向影响员工工作产出。Avolio, Gardner 和 Walumbwa(2004)指出,作为组织代理人的诚信型管理者通过支持下属的行为会正面影响员工的希望、信任和积极情绪。Luthans, Norman 和 Avolio(2008)以一家服务企业和一家高科技制造企业为样本的实证研究指出,对组织支持性氛围的认知会影响员工的心理资本,并进一步影响员工的工作产出,而心理资本在支持性氛围与员工绩效之间起显著的中介作用。

基于上述逻辑推理和已有的部分研究成果,本书提出如下假设:

H5——组织支持感与员工心理资本呈正向相关关系。

H5a——组织支持感的工作支持维度与员工的心理资本呈正向相关关系。

H5b——组织支持感的利益关心维度与员工的心理资本呈正向相关关系。

H5c——组织支持感的个人发展维度与员工的心理资本呈正向相关关系。

H5d——组织支持感的支持性氛围维度与员工的心理资本呈正向相关关系。

此外,本书还推测,员工对组织支持的感知首先会影响员工的积极心理,而长期的这种积极心理不仅使员工自己更加深对组织的依附情感,而且也使他们更加快乐、高效地投入工作,即使遇到逆境也能从容面对。因此,组织支持感与员工工作产出间可能并不是一种直接的关系,员工对组织支持的感知可能会通过影响其心理资本来提高工作产出,即心理资本在组织支持感与工作产出间起中介作用。因此,本书提出另外两个供验证的重要假设:

H6——心理资本在组织支持感与员工情感承诺间起中介作用。

H7——心理资本在组织支持感与员工工作绩效间起中介作用。

3.3 研究变量的操作性定义

所谓操作性定义是指从可观测的角度对研究变量及其构成的维度进行界定。对研究变量的操作性定义和测量是理论研究与实证研究中的重要环节。本书所涉及的变量——组织支持感、心理资本、情感承诺和工作绩效均为一些抽象的概念,无法直接用于实证研究。因此,必须对这些抽象的概念加以具体化,从而便于测量及进行相应的量化研究。这里所谓概念具体化的过程实质上是将每一个抽象的概念分解为可以测量的几个维度(当然也有单一维度的变量),然后再将每个维度分解为几个具体的测量题项。

本书主要讨论员工组织支持感对其工作产出的影响以及员工心理资本可能的中介作用。其中,组织支持感是自变量,员工的工作产出(主要考察情感承诺和工作绩效)是因变量,员工的心理资本是中介变量。另外,本书还将涉及的部分人口统计学变量作为控制变量,如性别、年龄等。

3.3.1 组织支持感

(1) 操作性定义

组织支持感是员工因企业关心自己和重视自己的贡献而产生的一种持续的综合认知,这种持续认知可以促使员工产生积极的心理变化,并有助于员工主动充分挖掘内在潜力,进而达到较高的工作产出。

(2) 衡量

本书主要参考 Bhanthumnavin(2003)、Kraimer 等(2004)、凌文辁等(2006)与陈志霞(2006)的观点,认为在我国组织文化背景下,企业员工感知到来自组织的支持应该是多维度的,可能包括对员工工作上的支持、利益上的关心、个人发展和支持性氛围四个方面,即将员工的组织支持感划分为四个维度。员工组织支持感各维度的定义见表3.1。

表3.1 员工组织支持感各维度的操作性定义

变量的维度	操作性定义
工作支持	是指组织在工作方面主动给予员工的支持,使其感受到被组织支持和关怀着,从而对其实现良好的激励
利益关心	是指企业在条件允许的情况下,给予员工同行业具有竞争性的薪酬和福利,及时帮助他们解决生活中遇到的一些问题,使员工获得物质上的满足
个人发展	是指组织给员工提供个人发展的机会和空间,为其自我实现需要提供支持
支持性氛围	是指组织营造的公平对待员工、尊重员工、提供和谐友好的工作氛围,如重视员工的贡献、理解员工因私人原因偶尔出现的缺勤等

3.3.2 员工心理资本

(1) 定义

心理资本是指个体拥有的一种区别于人力资本和社会资本的积极心理资源,其主要构成部分(如自信或自我效能感、希望、乐观和坚韧性)并非相对稳定的、倾向性的、类似于特性(trait-like)的个性特征(如尽责或自尊等),而完全是一种类似于状态(state-like)的积极心理力量。

(2) 衡量

本书根据 Luthans(2002a,2002b,2004)对心理资本维度的划分,将心理资本分为自信(confidence)或自我效能感(self-efficacy)、希望(hope)、乐观(optimism)和坚韧性(resilience)四个维度。在测量心理资本时,把自信、希望、乐观和坚韧性四个变量各自的标准分数相加,就得到心理资本的测量值。员工心理资本各维度的操作性定义见表 3.2。

表 3.2 员工心理资本各维度的操作性定义

变量的维度	操作性定义
自我效能感(或自信)	个体对其发挥动机、认知资源和行动步骤的作用、成功管理给定情景中的特定任务的能力的自信程度
希望	一种基于代理(目标导向的活力)和路径(实现目标的计划)之间的交互作用而产生的成功感的积极动机状态
乐观	可以由人们对好的事件和坏的事件的解释风格的两个关键维度(持久性和普遍深入性)来界定,是指人们把好的事件归因于内部、持久、普遍深入的原因,把坏的事件归因于外部、暂时和特定情景中的原因的积极解释风格
坚韧性	是一种从逆境迅速恢复的能力,具有坚韧性的人表现为坚定地接受现实、受稳定的价值观支持而深信生活的意义、神奇的临时应对和适应重大变化的能力

3.3.3　员工工作产出

(1) 工作绩效

① 定义:工作绩效是指员工在工作过程中所表现出的与组织目标、组织绩效密切相关的、多维的、可以评估的特定行为,它反映了个体的工作态度、工作能力以及对组织目标贡献的大小。

② 衡量:本书根据Borman和Motowidle(1993)提出的较具代表性的双因素结构模型,将工作绩效分为任务绩效(task performance)和关系绩效(contextual performance)两个维度,通过任务绩效和关系绩效来测量员工工作绩效。员工工作绩效各维度的操作性定义见表3.3。

表3.3　员工工作绩效各维度的操作性定义

维度	操作性定义
任务绩效	是指员工工作"分内"的行为,是个体工作角色所要求和必须完成的活动,如员工按照工作说明书的要求而完成的工作数量、质量和工作效率等
关系绩效	是指员工自愿执行非正式规定的,但对组织又十分有益的行为,如利他行为和对规则的遵从等

(2) 情感承诺

① 定义:情感承诺(affective commitment)是组织承诺里面的一个维度,指企业成员对企业的投入、参与的程度,包括价值目标认同、员工自豪感以及为了企业的利益自愿做出牺牲等。

② 衡量:本书主要借鉴Allen与Meyer(1990)和Meyer等(1993)编制并得到广泛应用的组织承诺量表,编制了一份包括6个项目的情感承诺量表,用以衡量员工对组织的情感承诺。

第 4 章 研究设计与数据收集

本章主要介绍研究的设计与实证数据的收集，重点是结合已有的国内外研究现状以及第 3 章提出的理论模型和研究假设，对所需的调查问卷进行设计，明确问卷发放的对象和资料的收集方法，对收集的数据进行初步的统计分析，并阐述本书所涉及的资料分析方法，从而为后续实证数据处理与分析提供必要的准备。

4.1 调查问卷设计

本书的研究主要是探讨员工组织支持感与心理资本以及工作产出间的相互关系，揭示组织支持感影响的内在机理。研究通过问卷调查的方式来收集相关的数据。

问卷的设计共分为五个部分：① 组织支持感；② 心理资本；③ 情感承诺；④ 工作绩效；⑤ 人口统计学特征和企业性质（国有、民营和外资等）变量。

4.1.1 组织支持感测量量表

本书初步将组织支持感量表分为工作支持、利益关心、个人发展和支持性氛围四个维度。

在组织支持感测量方面，目前采用的大多是 Eisenberger 开发的组织支持感问卷，由 36 个项目组成。对不同行业和不同组织员工被试样本的研究结果表明，该量表具有很高的内部信度和单维性。正是由于这个原因，本书根据我国文化背景下员工的工作情境，对

Eisenberger(1986)组织支持感问卷进行了修订,最终形成了包括26个项目的问卷,分属于四个维度。

(1) 工作支持

其包括员工在工作中遇到困难,组织会提供帮助;重视员工个人工作目标和价值观;提供长期稳定的工作保障,不轻易解雇员工;重视员工在工作中的意见;能同意员工希望改变工作条件的合理要求;员工在工作中拥有较高的自主性;对员工工作业绩提供及时有效的反馈,共7个题项。

(2) 利益关心

其包括组织奖赏本职工作外所付出的劳动;在需要特殊帮助时,乐于提供帮助;真正关心生活状况;会考虑应得多少薪水的问题;当获得更多利润时,考虑加薪水;在做出决策时,会考虑员工的利益;理解私人原因偶尔出现的缺勤,共7个题项。

(3) 个人发展

其包括组织在工作中提供一些晋升的机会;希望让员工担当最适合其能力的工作;乐意在广泛的范围内帮助员工发挥潜能工作;提供学习和培训的机会;提供广阔的职业发展空间;提供富有挑战性的工作,共6个题项。

(4) 支持性氛围

其包括组织对员工在工作中所做出的成就感到骄傲;重视员工做出的贡献;提供和谐友好的工作氛围;认为把员工留在单位将起到不小的作用;非常尊重员工;公平地对待员工,共6个题项。

问卷设计成Likert6点式量表形式。每个题项的6个选项依次表示如下:

1——完全不同意;

2——基本不同意;

3——有点不同意;

4——有点同意;

5——基本同意；

6——完全同意。

选项同时表示得分的高低。

4.1.2 心理资本测量量表

对心理资本的测量主要采用 Luthans, Youssef 和 Avolio(2006)开发的心理资本的调查问卷(PsyCap questionnaire, PCQ)。该问卷具体包括四个子问卷：自我效能感问卷、希望问卷、乐观问卷和坚韧性问卷，分别测量心理资本的四个不同的维度。每一个子问卷都包含6个题项。

(1) 自我效能感

6个测量题项分别表述如下：我相信自己能分析长远的问题，并找到解决方案；与管理层开会时，在陈述自己工作范围之内的事情方面我很自信；我相信自己对公司战略的讨论有贡献；在我的工作范围内，我相信自己能够帮助组织设定目标/目的；我相信自己能够与公司外部的人(如供应商、客户等)联系，并讨论问题；我相信自己能够向一群同事陈述信息。

(2) 希望

6个测量题项分别表述如下：如果我发现自己在工作中陷入了困境，我能想出很多办法摆脱出来；目前我在精神饱满地完成自己的工作目标；任何问题都有很多的解决办法；目前，我认为自己在工作上相当成功；我能想出很多办法来实现我目前的工作目标；目前，我正在实现我为自己设定的工作目标。

(3) 乐观

6个测量题项分别表述如下：在工作中遇到挫折时，我很难从中恢复过来，并继续前进(R)；在工作中，我无论如何都会解决遇到的难题；在工作中如果不得不去做，可以说，我也能独立应战；我通常对工作中的压力能泰然处之；因为以前经历过很多的磨难，所以我能够挺过工作上的困难时期;在我目前的工作中,我感觉自己能同时处理很多事情。

(4)坚韧性

6个测量题项分别表述如下:在工作中,当遇到不确定的事情时,我通常盼望最好的结果;如果某件事情会出错,即使我明智地工作,它也会出错(R);对自己的工作,我总是看到事情光明的一面;对我的工作未来会发生什么,我是乐观的;在我目前的工作中,事情从来都没有像我希望的那样发展(R);在工作时,我总相信"黑暗的背后就是光明,不用悲观"。

问卷设计成Likert6点式量表形式,由员工填答,带R的题项在计分时需反向进行,即

$$最高取值 - 当前取值 = 调整后的数值$$

然后,将自我效能感、希望、乐观和坚韧性四个变量的标准分数相加,即得到心理资本的测量值。

4.1.3 工作绩效测量量表

本书采用的工作绩效量表包含任务绩效和关系绩效两个部分。关系绩效(contextual performance)的测量主要选取Van Scotter和Motowidlo(1996)编制的关系绩效量表在人际促进和工作奉献上载荷较高的3个项目。任务绩效的测量通过对我国台湾学者樊景立和郑伯埙(Farh, Cheng,1997;转引自Cheng,Tsui, Farh,2002)针对华人员工任务设计的问卷进行简化,选择载荷较高的3个项目。这样,本书的工作绩效测量量表共9个项目。

(1) 任务绩效

待测的3个题项分别表述如下:我能保质保量地完成单位交给的工作;我能创造性地完成工作;我的工作任务总能完成得比其他同事出色。

（2）关系绩效

关于人际促进的3个题项分别表述如下：我只谈论那些对同事或团队有益的事；我能公平地对待他人；我会主动帮助他人。关于工作奉献的3个题项分别表述如下：我会利用休息时间工作以保证任务按时完成；我工作格外努力；我主动热情地去做比较困难的工作。

问卷的所有测量题项均采用Likert6点式量表。实际调查中，报告工作绩效的对象可以是员工本人，称为“自我报告（self-report）”或“自我评级（self-rating）”；也可以是主管，称为“主管报告（supervisor report）”或“主管评级（supervisor-rating）”。本书将采用员工“自我报告”的方法进行测量。

4.1.4 情感承诺测量量表

情感承诺是组织承诺里面的一个维度，指企业成员对企业的投入、参与的程度，包括价值目标认同、员工自豪感以及为了企业的利益自愿做出牺牲和贡献等成分。员工对企业表现忠诚并努力工作，主要是由于其对企业有深厚的感情，而非物质利益（Buchanan，1974；Mowday，1979）。为了使量表更加切合我国的文化传统和工作情形，本书借鉴Allen和Meyer（1990）编制并得到广泛应用的组织承诺量表，以及刘小平（2000）的研究中所用问卷，编制了一份包括6个项目的情感承诺量表。

测量员工情感承诺的6个题项分别表述如下：我很乐意在现在这个单位继续工作下去；我感觉到这个单位的问题就是我的问题；在感情上，我觉得自己就属于这个单位；我觉得我就是这个单位大家庭中的一员；这个单位对我个人而言，意义重大；总的来说，我很忠于现在这个单位。

问卷同样采用Likert6点式量表，由员工自己回答。

4.1.5　人口统计学与组织特征变量

本书的研究选择了 7 个人口统计学变量。

① 性别:分为男性和女性。

② 年龄:本书将年龄划分为 4 个阶段,即 25 岁及以下;26 ~35 岁;36 ~45 岁;46 岁及以上。

③ 婚姻:本书将婚姻状况分为未婚和已婚两种。

④ 教育程度:本书用学历来反映被调查者的受教育程度,共分为中学或中专、大专、本科、硕士研究生及以上四类。

⑤ 工作类型:其主要是指被调查者在组织中所承担的工作角色,包括普通员工、基层管理人员、中层管理人员和高层管理人员四类。

⑥ 任职时间:其主要是指被调查者在目前组织的工作年限。本书将被调查者的任职时间划分为 1 年以下、1 ~3 年、4 ~7 年、7 年以上四类。

⑦ 所在单位的性质:分为国有/集体企业、民营企业、合资/外商独资企业。

4.2　数据资料的收集

本书使用的数据资料主要是通过问卷调查的方法取得。为使研究的结论具有科学性和代表性,通过合理的方式来获取高质量的原始数据是极为重要的一步。

4.2.1　研究对象的确定

抽样调查方法主要是通过对抽取样本的研究来推测总体的特征,这就要求研究必须先确定总体,其次是所抽取的样本必须具备一定的代表性。对此,本书采用分层随机抽样的方法,先选择不同性质的行业，再在每类行业中选择一两家企业作为目标企业。依据目标企业规模的大小，分别投放20～40份不等的问卷。另外，从每家企业的不同部门随机抽取2～5名员工（含管理人员）作为调查对象，同时要求被调查的对象在给定的1周左右的时间内填完问卷。

4.2.2 问卷的收发与初步处理

（1）问卷的发放与回收

本书选择了镇江、南京、珠海等城市的6家企业作为问卷的调查单位。为了确保问卷的顺利发放和回收，以及尽可能地提高问卷回收数据的质量，笔者预先通过各种关系渠道选择能接受调查的企业，并在每一个被调查的企业中明确一位协调人来专门负责这次问卷的发放与回收。在将问卷和相关填答规范寄给相关协调人之后，由协调人将问卷发给不同部门的主管，并解释填写的详细规范和要求，最后请各部门主管在所属部门随机抽取5～10名工作人员（包括管理层）在1周左右的时间内填答问卷。被调查者将填完的问卷直接交给部门主管，再转交给该单位总协调人，最后寄给笔者。

收到问卷之后，笔者即着手对回收的问卷进行初步的处理。首先，对所有的回收问卷进行填写质量审核，凡是回答不完整的或数据有明显质量问题的问卷，如一题多选或者大部分题项的选择雷同等，均视同无效问卷而予以剔除。此外，在本书的问卷中有部分题目被设计成反向题，如果反向题的填答与正向题明显有矛盾，这样的问卷也同样被视同无效问卷加以剔除。这样处理后，剩余的回收问卷即为有效问卷。

其次，对严格审核后符合要求的有效问卷进行原始数据的录入，并保存好数据，从而为下一步的统计分析研究做准备。

（2）问卷的初步处理

本书通过调查问卷的方式来获取研究所需原始数据。样本主要来自镇江、南京、珠海等多家不同类型的企业。在本次调查过程中,共发问卷 260 份,回收 220 份,回收率达到 84.6%;去除无效问卷 13 份,剩余有效问卷 207 份,有效回收率为 79.6%。本次样本的人口统计学特征相关资料见表 4.1。

表 4.1　样本的人口统计学特征相关资料

人口统计学特征	测量项目	人数($N=207$)	百分比/%
性别	男	134	64.7
	女	73	35.3
年龄	25 岁以下	47	22.7
	26～35 岁	121	58.4
	36～45 岁	32	15.4
	46 岁以上	7	3.5
婚姻	已婚	120	58.0
	未婚	87	42.0
学历	中学或中专	36	17.3
	大专	39	18.8
	本科	69	33.3
	硕士研究生及以上	63	30.6
工作岗位	普通员工	137	66.2
	基层管理人员	51	24.6
	中层管理人员	14	6.8
	高层管理人员	5	2.4
任职时间	1 年以下	54	26.1
	1～3 年	55	26.5
	4～7 年	46	22.2
	7 年以上	52	25.2

续表

人口统计学特征	测量项目	人数（N=207）	百分比/%
单位性质	国有/集体	86	41.5
	民营	82	39.6
	合资/外商独资	39	18.9

① 性别。在收集的有效样本中，男性比例为 64.7%，女性比例为 35.3%。

② 年龄。在收集的有效样本中，具体的年龄分布表述如下：25 岁以下的占 22.7%，26～35 岁的占 58.4%，36～45 岁的占 15.4%，46 岁以上的占 3.5%。

③ 婚姻。在有效样本中，被调查者已婚的比例为 58%，未婚的比例为 42%。

④ 受教育程度。在接受调查的人员中，中学或中专文化程度的占有效样本的 17.3%，大专的占 18.8%，本科的占 33.3%，而硕士及以上的占 30.6%。

⑤ 工作岗位。被调查者在企业中的职位分别表述如下：普通员工占有效样本的 66.2%，基层管理人员占 24.6%，中层管理人员占 6.8%，高层管理人员占 2.4%。

⑥ 任职年限。在被调查对象中，任职年限在 1 年以下的占有效样本的 26.1%，1～3 年的占 26.5%，4～7 年的占 22.2%，7 年以上的占 25.2%。

⑦ 所在企业的性质。在被调查者中，所在企业属于国有或集体企业的样本数占全部有效样本数的 41.5%，属于民营企业的占 39.6%，属于合资或外商独资企业的占 18.9%。

由表 4.1 可以看出，在收集的有效样本中，人口统计学特征表述如下：性别以男性居多，年龄以 26～35 岁的居多，已婚者居多，受教育程度以本科居多，在企业中的工作岗位以普通员工居多，任职年限以 1～3 年居多，单位性质以国有/集体性质企业居多。总体来看,本书的样本具有一定的代表性。

4.3　资料的分析方法

根据研究的目标和研究的系列假设,本书对回收的问卷进行了初步的审核,在剔除无效的问卷之后,对剩下的有效问卷进行了编号、录入并建立了专门的文档以备研究。研究过程中使用 SPSS 16.0 版软件和 LISREL 8.50 版软件进行了相关资料的统计分析。下面介绍几种资料的分析方法。

4.3.1　问卷结构的分析方法

(1) 因子分析(factor analysis)

因子分析法是从研究变量内部相关的依赖关系出发,把一些具有错综复杂关系的变量归结为少数几个综合因子的一种多变量统计分析方法。它的基本思想是将观测变量进行分类,将相关性较高,即联系比较紧密的变量分在同一类中,而不同类变量之间的相关性则较低,那么每一类变量实际上就代表了一个基本结构,即公共因子。对于所研究的问题就是试图用最少个数的不可测的所谓公共因子的线性函数与特殊因子之和来描述原来观测的每一分量。简而言之,因子分析就是在一组变量中,析出共同属性从而达到降维的目标,这就要求这组变量之间存在较强的相关性。目前常用的相关性检验的方法有 Bartlett 球度检验(test of sphericity)和 KMO (Kaiser-Meyer-Olkin)检验。若球度检验达到 0.05 的显著水平,则表示量表各变量的相关矩阵有共同的因子存在;而 $KMO > 0.5$ 则适合进行进一步的因子分析。本书根据 KMO 方法来检验变量间的相关性。进行因子分析时,本书采用主成分分析法(principal component analysis)析出共同的因子,取特征值大于 1 的因子,以方差最大法(varimax)做正交旋转,其中因子载荷大于 0.4 的题项表示其显著,予以保留,以作为命名的依据。

(2) 信度与效度分析

为了提高调查问卷的质量,进而提高整个研究的价值,问卷的信度和效度分析是研究过程中必不可少的重要环节。

① 信度分析(reliability analysis)。信度即可靠性,是指采用同一方法对同一对象进行调查时,问卷调查结果的稳定性和一致性,即测量工具(问卷或量表)能否稳定地测量所测的事物或变量。通过信度分析,人们可以了解各量表的可靠程度。常用的信度分析方法有再测信度、替换形式信度和同质性信度等,其中同质性信度即内部一致性是最常使用的方法。同质性信度计算方法是利用Cronbach's α 系数对各量表进行信度分析,以了解各量表的内部一致性程度。其在分析时采用 Nunnally(1978)的标准,即 $\alpha > 0.7$ 时表示量表的信度是可以接受的。

② 效度分析(validity analysis)。效度即有效性,它是指测量工具或手段能够准确测出所需测量的事物的程度。效度分为三种类型:内容效度(content validity)、准则效度(criteria-related validity,又称为效标效度或预测效度)和结构效度(construct validity)。效度分析有多种方法,其测量结果反映效度的不同方面。常用于调查问卷效度分析的方法主要有单项与总和相关效度分析、准则效度分析和结构效度分析几种。其中,单项与总和相关效度分析用于测量量表的内容效度。统计分析主要采用单项与总和相关分析法获得评价结果,即计算每个题项得分与题项总分的相关系数,根据相关是否显著判断是否有效。若量表中有反意题项,应将其逆向处理后再计算总分。准则效度分析是根据已经得到的某种确定的理论,选择一种指标或测量工具作为准则(效标),分析问卷题项与准则的联系,若二者相关显著,或者问卷题项对准则的不同取值、特性表现出显著差异,则为有效的题项。评价准则效度的方法是相关分析或差异显著性检验。结构效度分析是指测量结果体现出来的某种结构与

测得值之间的对应程度。结构效度分析所采用的方法是因子分析。通过因子分析可以考察问卷是否能够测量出研究者设计问卷时假设的某种结构。在因子分析的结果中,用于评价结构效度的主要指标有累积贡献率、共同度和因子负荷。累积贡献率反映公因子对量表或问卷的累积有效程度;共同度反映由公因子解释原变量的有效程度;因子负荷反映原变量与某个公因子的相关程度。

本书调查问卷的内容全部是在国外开发的成熟量表的基础上,经翻译、修改,并通过与专家或人力资源专业人员的探讨,最终修订完成。因此,量表设计在内容方面应该具有内容效度。此外,本书以验证性研究为主,可以不考虑效标关联效度。因此,本书的研究主要对量表的结构效度进行检验,包括收敛效度(convergent validity)和判别效度(discriminant validity)。

4.3.2 基本统计分析方法

(1) 描述性统计分析

在进行数据分析的时候,一般首先要对数据进行描述性统计分析(descriptive analysis),以发现其内在的规律,再选择进一步分析的方法。描述性统计分析要对调查总体所有变量的有关数据做统计性描述,主要包括对问卷题项得分的平均数、标准差、百分比及相关系数等进行分析,以了解样本数据的结构及分布特征。通过描述性统计分析也可以了解被调查对象对各个变量及维度的认知程度,通常均值越高,表明被调查对象对该题项的认知程度越高;标准差越小,表明被调查对象对该题项的认知程度越接近事实。

(2) T检验与单因子方差分析

根据统计学方面的知识,当研究只有两组类别的变量时,通常使用T检验(T-test),而当要对三组或三组以上的类别变量进行处理时,通常考虑使用方差分析。

本书使用T检验来分析性别、婚姻状况等个人特征的二分变量在各维度上是否具有显著差异;用方差分析来检验年龄、教育程度、工作类型、任职时间、行业性质等个人变量在组织支持感、员工心理资本、员工工作绩效等变量及其各维度上是否存在显著差异,并以 Scheffe 法进行事后多重比较,以了解各变量在各分组间的差异是否具有显著性。

(3) 相关分析

相关分析是用来分析不同变量间的关系程度的一种统计方法。其测量值称为相关系数。相关系数取值介于 -1 和 1 之间,其绝对值越大,表示变量间的相关程度越高。常用的相关分析方法有 Pearson 简单相关系数、Spearman 等级相关系数、Kendall τ 相关系数等。本书采用 Pearson 相关系数分析法,检验各维度之间的相关程度。

4.3.3 结构方程模型

本书对理论模型中各研究变量之间的关系的分析和检验主要采用结构方程模型分析。结构方程模型是基于变量的协方差矩阵来分析变量之间关系的一种统计方法,所以也称为协方差结构分析。结构方程模型可分为测量方程(measurement equation)和结构方程(structural equation)两部分。测量方程描述潜变量与指标之间的关系,如家庭收入等指标与社会经济地位的关系、三科成绩与学业成就的关系;结构方程则描述潜变量之间的关系,如社会经济地位与学业成就的关系。结构方程模型的这种结构形式具体表示如下。

(1) 测量模型

对于指标与潜变量(例如社会经济指标与社会经济地位因子)间的关系,通常写成如下测量方程:

$$\boldsymbol{X} = \boldsymbol{\Lambda}_x \boldsymbol{\xi} + \boldsymbol{\delta}$$

$$\boldsymbol{Y} = \boldsymbol{\Lambda}_y \boldsymbol{\eta} + \boldsymbol{\varepsilon}$$

式中,$\boldsymbol{X}$ ——外源(exogenous)指标(如社会经济指标)组成的向量;

$\boldsymbol{Y}$ ——内生(endogenous)指标(如语文、数学、外语成绩)组成的向量;

$\boldsymbol{\Lambda}_x$——外源指标与外源潜变量之间的关系（如社会经济地位指标与潜社会经济地位的关系），是外源指标在外源潜变量上的因子负荷矩阵；

$\boldsymbol{\Lambda}_y$——内生指标与内生潜变量之间的关系（如语文、数学、外语成绩与学业成就的关系），是内生指标在内生潜变量上的因子负荷矩阵；

$\boldsymbol{\delta}$ ——外源指标 x 的误差项；

$\boldsymbol{\varepsilon}$ ——内生指标 y 的误差项；

$\boldsymbol{\eta}$ ——内生潜变量（如学业成就）；

$\boldsymbol{\xi}$ ——外源潜变量（如社会经济地位）。

（2）结构模型

对于潜变量间的关系（例如社会经济地位与学业成就），通常写成如下的结构方程：

$$\boldsymbol{\eta} = \boldsymbol{B\eta} + \boldsymbol{\Gamma\xi} + \boldsymbol{\xi}$$

式中，$\boldsymbol{\eta}$ ——内生潜变量（如学业成就）；

$\boldsymbol{\xi}$ ——外源潜变量（如社会经济地位）；

$\boldsymbol{B}$ ——内生潜变量间的关系（如学业成绩与其他内生潜变量的关系）；

$\boldsymbol{\Gamma}$ ——外源潜变量对内生潜变量的影响（如社会经济地位对学业成就的影响）。

另外，利用结构方程模型进行不同变量之间的关系研究时，通常根据事先假定的变量之间的关系模型来对样本数据的拟合度（fit）进行检验。如果预设模型与样本数据拟合不好，则可对预设模型进行修正，然后再检验，直到获得一个与数据拟合度高，且各参数估计值也有合理解释的模型为止。总之，结构方程的分析步骤可粗略地表述为模型构建（model specification）、模型拟合（model fitting）、模型评价（model assessment）和模型修正（model modification）四大步骤（侯杰泰，温忠麟，成子娟，2004）。

第5章 数据处理与结果分析

本章首先对统计回收的数据进行统计处理和分析，然后再对本书第3章提出的理论模型和相应的假设进行验证。本章主要内容包括量表的因子分析、量表的信度和效度分析、变量的描述性统计分析、T检验与方差分析以及对整体模型的衡量。

5.1 因子分析

因子分析法是一种能够降维简化数据的多变量统计分析方法。它通过研究众多变量之间的内部关系，寻求用少数几个“抽象”的变量来表示观测数据的基本结构。这几个抽象的变量被称为“因子”，能反映原来众多变量的大部分信息。原始的变量是可观测的显在变量，而因子一般是不可观测的潜在变量。

对于因子的提取有一个基本的前提条件，即原有的变量之间应有较强的相关关系。因此，一般在因子分析之前需要先对因子分析的条件，即原有变量之间是否相关进行检验。目前常用的检验方法有Bartlett球度检验和KMO检验。

KMO统计量的取值在0～1之间，KMO值越大，意味着变量之间的相关性越强，原有变量越适合做因子分析。Kaiser给出的KMO标准是，0.9以上表示非常适合；0.8以上表示适合；0.7表示一般；0.6表示不太适合；0.5以下表示极不适合。本书采用的就是KMO检验。

另外，本书采用的因子分析工具是主成分分析法（principal component analysis）。其主要目标是通过主成分分析来降低数据的“维数”,而又保留原数据的大部分信息。采用主成分分析法析出共同的因子,取特征值大于 1 的因子,以方差最大法(varimax)做正交旋转,其中因子载荷大于0.4 的题项,表示其显著,予以保留,作为命名的依据。

5.1.1　员工组织支持感量表的因子分析

本书对组织支持感的测量共有 26 个条目,通过因子分析,析出四个因子,其特征值分别为 7.371,4.780,3.280,2.951,其累积解释的变异量达 70.700%,具体数据见表 5.1。

表 5.1　员工组织支持感量表的因子分析

维度	测试题项	因子负荷				共同度
		F1	F2	F3	F4	
工作支持	POS1	0.817				
	POS2	0.812				0.768
	POS6	0.662				0.696
	POS7	0.657				0.772
	POS4	0.525				0.691
	POS3	0.518				0.562
	POS5	0.507				0.675
利益关心	POS8		0.783			0.736
	POS13		0.771			0.719
	POS11		0.752			0.793
	POS14		0.736			0.571
	POS9		0.728			0.657
	POS12		0.704			0.736
	POS10		0.609			0.607

续表

维度	测试题项	因子负荷				共同度
		F1	F2	F3	F4	
个人发展	POS18			0.674		0.661
	POS20			0.626		0.604
	POS15			0.624		0.764
	POS17			0.613		0.753
	POS19			0.612		0.749
	POS16			0.599		0.812
支持性氛围	POS23				0.672	0.705
	POS21				0.671	0.698
	POS26				0.650	0.754
	POS25				0.649	0.785
	POS24				0.604	0.630
	POS22				0.552	0.754
特征值		7.371	4.780	3.280	2.951	
各因子变异解释量/%		28.349	18.383	12.617	11.351	
累计变异解释量/%		28.349	46.732	59.349	70.700	
分量表的 Cronbach's α		0.873	0.889	0.916	0.918	
整体量表的 Cronbach's α		0.964				
KMO		0.944				

由表5.1可以看出，第一个因子包括7个题项，这些题项主要反映组织在工作方面主动给予员工支持，并使员工感到被组织支持和关怀着，从而实现对员工的良好激励。因此，本书将F1直接命名为工作支持。

第二个因子也包括7个题项，题项的内容主要反映了企业在条件许可的情况下，给予员工同行业具有竞争性的薪酬和福利，及时帮助他们解决生活中遇到的一些问题，使员工获得物质上的满足。因此，本书将 F2 命名为利益关心。

第三个因子包括 6 个题项，在内容方面主要体现为组织给员工提供个人发展的机会和空间，为其自我实现需要提供支持。因此，本书将 F3 命名为个人发展。

第四个因子包括 6 个测量题项，反映组织营造的公平对待员工、尊重员工、提供和谐友好的工作氛围，如重视员工的贡献、理解员工偶尔因私人原因出现的缺勤等。因此，本书将 F4 命名为支持性氛围。

本书的组织支持感量表在经过因子分析后，可以归为四个维度。用 Cronbach's α 系数来衡量各维度的内部一致性，所得的 Cronbach's α 系数分别表述如下：工作支持 $\alpha = 0.873$，利益关心 $\alpha = 0.889$，个人发展 $\alpha = 0.916$，支持性氛围 $\alpha = 0.918$。由于本量表的 Cronbach's α 系数均大于可接受标准 0.7（Nunnally，1978），属高信度系数，表示内部一致性较好，在可接受的标准范围内。此外，*KMO* 的值为 0.944，大于 0.9，总体 Bartlett 球形检验 χ^2 值为 4 529.32（$df = 325, p < 0.01$），且在 0.01 水平上各条目间均显著相关，因此非常适合做因子分析。

5.1.2　员工心理资本量表的因子分析

本书的员工心理资本量表原有 24 个题项，经因子分析后共取得四个因子，其特征值分别为 5.583，4.154，3.015，2.116，其累积解释的变异量达 61.95%，具体数据见表 5.2。

表 5.2　员工心理资本量表的因子分析

维度	测试题项	因子负荷				共同度
		F1	F2	F3	F4	
自我效能感	PSYCAP4	0.787				0.700
	PSYCAP5	0.767				0.638
	PSYCAP3	0.751				0.643
	PSYCAP2	0.739				0.652
	PSYCAP1	0.707				0.593
	PSYCAP6	0.637				0.570
希望	PSYCAP10		0.719			0.678
	PSYCAP7		0.702			0.698
	PSYCAP11		0.680			0.732
	PSYCAP8		0.641			0.654
	PSYCAP9		0.634			0.539
	PSYCAP12		0.620			0.630
乐观	PSYCAP13			0.785		0.648
	PSYCAP14			0.616		0.574
	PSYCAP16			0.600		0.622
	PSYCAP15			0.570		0.548
	PSYCAP18			0.597		0.591
	PSYCAP17			0.521		0.550
坚韧性	PSYCAP23				0.777	0.634
	PSYCAP21				0.767	0.638
	PSYCAP19				0.746	0.605
	PSYCAP20				0.722	0.619

续表

维度	测试题项	因子负荷				共同度
		F1	F2	F3	F4	
坚韧性	PSYCAP24				0.584	0.605
	PSYCAP22				0.547	0.508
特征值		5.583	4.154	3.015	2.116	
各因子变异解释量/%		23.263	17.309	12.561	8.817	
累计变异解释量/%		23.263	40.572	53.133	61.950	
分量表的 Cronbach's α		0.874	0.874	0.725	0.732	
整体量表的 Cronbach's α		0.908				
KMO		0.917				

另外从表 5.2 可以看出,第一个因子 F1 包括 6 个题项,这 6 个题项主要反映组织中个体对其发挥动机、认知资源和行动步骤的作用,成功管理给定情景中的特定任务的能力的自信程度。因此可以将 F1 命名为自我效能感(或自信)。

第二个因子 F2 也包括 6 个测量条目,在内容上主要描述个体的一种基于代理(目标导向的活力)和路径(实现目标的计划)之间的交互作用而产生的成功感的积极动机状态,拥有这种心理状态的个体相信自己能够设定工作目标、发掘解决方案并且激励自己实现这一目标的一种心理状态。因此因子 F2 可以直接命名为希望。

第三个因子同样包括 6 个题项,内容上表示为个体在工作中有预期未来会发生积极事情的心理倾向,或者对已有的事实进行积极的归因,如把好的事件归因于内部、持久、普遍深入的原因,把坏的事件归因于外部、暂时和特定情景中的原因。因此,因子 F3 在本书中命名为乐观。

最后一个因子也同样包括 6 个题项,主要反映个体拥有的一种从逆境迅速恢复的能力。具有坚韧性的人表现为坚定地接受现实、受稳定的价值观支持而深信生活的意义、神奇的临时应对和适应重大变化的能力。因此,本书将 F4 命名为坚韧性。

本书中的心理资本量表经过因子分析后,归纳为四个维度。用 Cronbach's α 系数来衡量各维度的内部一致性,所得的 Cronbach's α 系数分别表述如下:自我效能感 $\alpha=0.874$,希望 $\alpha=0.874$,乐观 $\alpha=0.725$,坚韧性 $\alpha=0.732$。由于本量表的 Cronbach's α 系数均大于可接受标准 0.7,属高信度系数,表示内部一致性较好,在可接受的标准范围内。此外,*KMO* 的值为 0.917,大于 0.9,总体 Bartlett 球形检验 χ^2 值为 2 749.03($df=276$, $p<0.01$),且在 0.01 水平上各题项间均显著相关,因此非常适合做因子分析。

5.1.3 员工情感承诺量表的因子分析

本书的员工情感承诺量表原有 6 个题项,经过因子分析后共取得一个因子,其特征值为 4.300,其累计解释的变异量为 71.665%,具体数据见表 5.3。

表 5.3 员工情感承诺量表的因子分析

维度	测试题项	因子负荷	共同度
		F1	
情感承诺	AC4	0.896	0.802
	AC5	0.893	0.798
	AC6	0.857	0.734
	AC3	0.850	0.722
	AC1	0.813	0.661
	AC2	0.764	0.583
特征值		4.300	
各因子变异解释量/%		71.665	

续表

维度	测试题项	因子负荷	共同度
		F1	
累计变异解释量/%		71.665	
分量表的 Cronbach's α		0.915	
整体量表的 Cronbach's α		0.915	
KMO		0.904	

另外，从表 5.3 可以看出，这一因子包含了 6 个题项，这 6 个题项主要反映组织成员对组织的投入、参与的程度，包括价值目标认同、员工自豪感以及为了组织的利益自愿做出牺牲等内容。因此，本书将该因子命名为情感承诺。

本书的员工情感承诺量表，经过因子分析后，归纳为一个维度。用 Cronbach's α 系数来衡量各维度的内部一致性，所得的 Cronbach's α 系数为 0.915。由于本量表的 Cronbach's α 系数大于可接受标准 0.7，属高信度系数，表示内部一致性较好，在可接受的标准范围内。此外，*KMO* 的值为 0.904，大于 0.9，总体 Bartlett 球形检验 χ^2 值为 871.49（$df=15, p<0.01$），且在 0.01 水平上各题项间均显著相关，因此非常适合做因子分析。

5.1.4　员工工作绩效量表的因子分析

本书的员工工作绩效量表原有 9 个题项，经因子分析后共析出两个因子，其特征值分别为 3.024，2.644，其累计解释的变异量达到 62.979%，具体数据见表 5.4。

表 5.4 员工工作绩效量表的因子分析

维度	测试题项	因子负荷		共同度
		F1	F2	
任务绩效	Performance3	0.803		0.691
	Performance2	0.788		0.691
	Performance1	0.705		0.555
关系绩效	Performance6		0.849	0.810
	Performance9		0.750	0.701
	Performance5		0.749	0.670
	Performance8		0.748	0.629
	Performance7		0.556	0.513
	Performance4		0.534	0.408
特征值		3.024	2.644	
各因子变异解释量/%		33.595	29.383	
累计变异解释量/%		53.477	62.979	
分量表的 Cronbach's α		0.739	0.860	
整体量表的 Cronbach's α		0.886		
KMO		0.890		

另外，由表 5.4 可以看出，第一个因子 F1 包括 3 个题项，这 3 个题项反映员工工作“分内”的行为，是个体工作角色所要求和必须完成的活动，如员工按照工作说明书的要求而完成的工作数量、质量和工作效率等。因此，可将 F1 命名为任务绩效。

第二个因子 F2 包括 6 个题项，这 6 个题项反映员工自愿执行的非正式规定的，但对组织又十分有益的行为，如利他行为和对规则的遵从等。因此，本书将 F2 直接命名为关系绩效。

本书的员工工作绩效量表经过因子分析后，归纳为二个维度。

用 Cronbach's α 系数来衡量各维度的内部一致性，所得的 Cronbach's α 系数分别表述如下：任务绩效 $\alpha=0.739$；关系绩效 $\alpha=0.860$。由于本量表的 Cronbach's α 系数均大于可接受标准 0.7，属高信度系数，表示内部一致性较好，在可接受的标准范围内。此外，*KMO* 的值为 0.890，接近 0.9，总体 Bartlett 球形检验 χ^2 值为 873.24（$df=36$，$p<0.01$），且在 0.01 水平上各题项间均显著相关，因此非常适合做因子分析。

5.2　问卷的信度与效度分析

在对研究的相关假设进行正式检验之前，一般首先要对调查问卷进行相应的信度和效度分析。这样做的目的主要是确保调查数据的真实性和可靠性，为进一步的统计分析做准备。

5.2.1　信度分析

信度（reliability）是指测验结果的一致性、稳定性及可靠性，一般多以内部一致性来加以表示该测验信度的高低。信度系数愈高即表示该测验的结果愈具有一致性、稳定性与可靠性。对信度的评价一般通过使用同一量表进行不同测量，分析各测量结果之间的联系。如果联系密切，各测量结果具有一致性，则认为量表是可信的。具体评价信度的方法主要有再测信度、替换形式、内部一致性方法。信度的评估方法可以分为再测信度、分半信度和同质性信度等几种方法。

再测信度是用同样的量表，对同一组访问对象在尽可能相同的情况下，在不同的时间进行两次测量。两次测量相距一般为 2～4 周。用两次测量结果间的相关分析或差异的显著性检验方法，可以评价量表信度的高低。结果越是相关，差异越不显著，则信度越高。

替换形式信度是用两个形式不同的等价量表，对同一组受访者在不同的时间(通常间隔2~4周)进行测量。两次测量结果间的相关性被用来评价量表的信度。这个方法存在以下两个主要问题:首先,构造等价的量表不但费时,而且费钱。其次,很难构造出完全等价的量表。两个量表在内容上应该等价。从严格的意义上说,两个量表的测量项目应具有相同的均值、方差和相关性,但即使这些条件都满足了,还是有可能出现内容不等价的情况。低相关可能是由于量表的信度不够造成的,也可能是由于量表形式不等价造成的。

内部一致信度也称为同质性信度,用于评价累加量表的信度。在这种量表中,各个测量项目的得分被累加以得到一个总分,每个项目都测量整个量表所要测量对象的某个方面,项目之间就它们各自的特征而言应该是一致的。内部一致信度强调的是组成量表的一组测量项目内部的一致性。折半信度是测量内部一致性最简单的方法。量表中的项目被分成两半并计算测量结果的相关系数。这两半相关系数越高,则说明量表内部一致性越高。量表的项目可按序号的奇偶分为两半,也可以随机地合,但问题在于划分两部分的方法可能会影响评价结果。克服这一问题的常用方法是 L. J. Cronbach 在1951年提出的 α 系数计算法。

Cronbach's α 系数的值介于0和1之间,其值越趋近于1,表示测试的信度越高。Nunnally(1978)建议,研究量表的 Cronbach's α 系数超过0.7,则表示该量表的信度是可以接受的,即量表是可靠的。本书也是应用了这一标准来检验问卷的信度。

(1) 员工组织支持感量表的信度分析

员工组织支持感量表的信度分析见表5.5。用 Cronbach's α 系数来衡量各维度的内部一致性,所得的 Cronbach's α 系数分别表述如下:工作支持 $\alpha=0.873$,利益关心 $\alpha=0.889$,个人发展 $\alpha=0.916$,支持性氛围 $\alpha=0.918$,且整体组织支持感量表的 Cronbach's α 系数为0.964,均高于可接受水平0.7,属高信度系数。另外,删除任一测量题项均无法使其信度系数提高,由此表明量表的测量题项间有较高的内部一致性。因此，本量表的信度较高，较为可靠。

表 5.5　员工组织支持感量表的信度分析

维度及测量题项	Item-total correlation	Cronbach's α if item deleted	Cronbach's α
工作支持			0.873
POS1	0.607	0.861	
POS 2	0.647	0.855	
POS6	0.659	0.855	
POS7	0.716	0.846	
POS4	0.767	0.841	
POS3	0.440	0.880	
POS5	0.746	0.842	
利益关心			0.889
POS8	0.675	0.873	
POS13	0.779	0.860	
POS11	0.844	0.851	
POS14	0.458	0.811	
POS9	0.713	0.869	
POS12	0.783	0.859	
POS10	0.655	0.876	
个人发展			0.916
POS18	0.696	0.909	
POS20	0.688	0.911	
POS15	0.721	0.906	
POS17	0.823	0.891	
POS19	0.838	0.889	
POS16	0.810	0.894	

续表

维度及测量题项	Item-total correlation	Cronbach's α if item deleted	Cronbach's α
支持性氛围			0.918
POS23	0.658	0.916	
POS 21	0.757	0.905	
POS26	0.776	0.902	
POS25	0.838	0.893	
POS24	0.772	0.904	
POS22	0.822	0.896	
组织支持感量表			0.964

（2）员工心理资本量表的信度分析

员工心理资本量表的信度分析见表5.6。用Cronbach's α系数来衡量各维度的内部一致性，所得的Cronbach's α系数分别表述如下：自我效能感$\alpha=0.874$，希望$\alpha=0.874$，乐观$\alpha=0.768$，坚韧性$\alpha=0.732$，且整体心理资本量表的Cronbach's α系数为0.908，均高于可接受水平0.7，属高信度系数。另外，删除任一测量题项均无法使其信度系数提高，由此表明该量表的测量题项表现出较高的内部一致性。因此，本量表的信度较高，较为可靠。

表5.6　员工心理资本量表的信度分析

维度及测量题项	Item-total correlation	Cronbach's α if item deleted	Cronbach's α
自我效能感			0.874
PSYCAP4	0.751	0.842	
PSYCAP5	0.705	0.848	
PSYCAP3	0.659	0.859	
PSYCAP2	0.700	0.849	
PSYCAP1	0.672	0.855	
PSYCAP6	0.613	0.864	

续表

维度及测量题项	Item-total correlation	Cronbach's α if item deleted	Cronbach's α
希望			0.874
PSYCAP10	0.626	0.862	
PSYCAP7	0.629	0.861	
PSYCAP11	0.783	0.834	
PSYCAP8	0.718	0.847	
PSYCAP9	0.622	0.863	
PSYCAP12	0.696	0.850	
乐观			0.768
PSYCAP13	0.496	0.728	
PSYCAP14	0.495	0.677	
PSYCAP16	0.669	0.637	
PSYCAP15	0.588	0.649	
PSYCAP18	0.586	0.654	
PSYCAP17	0.566	0.659	
坚韧性			0.732
PSYCAP23	0.467	0.652	
PSYCAP21	0.657	0.649	
PSYCAP19	0.748	0.553	
PSYCAP20	0.457	0.662	
PSYCAP24	0.781	0.621	
PSYCAP22	0.604	0.677	
心理资本量表			0.908

(3) 员工情感承诺量表的信度分析

员工情感承诺量表的信度分析见表5.7。整体心理资本量表的Cronbach's α 系数为0.915,高于可接受水平0.7,属高信度系数。另外,删除任一测量题项均无法使其信度系数提高,由此表明该量表的测量题项间有较高的内部一致性。因此,本量表的信度较高,较为可靠。

表5.7 员工情感承诺量表的信度分析

维度及测量题项	Item-total correlation	Cronbach's α if item deleted	Cronbach's α
AC4	0.837	0.891	
AC5	0.831	0.890	
AC6	0.775	0.899	
AC3	0.782	0.897	
AC1	0.722	0.906	
AC2	0.675	0.910	
情感承诺量表			0.915

(4) 员工工作绩效量表的信度分析

员工工作绩效量表的信度分析见表5.8。用Cronbach's α 系数来衡量各维度的内部一致性,所得的Cronbach's α 系数分别表述如下:任务绩效的Cronbach's $\alpha = 0.739$;关系绩效的Cronbach's $\alpha = 0.860$;且整体工作绩效量表的Cronbach's α 系数为0.886,均高于可接受水平0.7,属高信度系数。另外,删除任一测量题项均无法使其信度系数提高,由此表明该量表的测量题项表现出较高的内部一致性。因此,本量表的信度较高,较为可靠。

表 5.8　员工工作绩效量表的信度分析

维度及测量题项	Item-total correlation	Cronbach's α if item deleted	Cronbach's α
任务绩效			0.739
Performance3	0.621	0.583	
Performance2	0.585	0.629	
Performance1	0.495	0.730	
关系绩效			0.860
Performance6	0.769	0.806	
Performance9	0.664	0.821	
Performance5	0.675	0.820	
Performance8	0.618	0.831	
Performance7	0.637	0.827	
Performance4	0.518	0.856	
工作绩效量表			0.886

5.2.2　效度分析

通常认为,效度就是所采用的测评工具对其所要测评的特性测量到什么程度的估计,这也往往被认为是效度的操作性定义。效度是一个高度相对的概念。首先,效度是针对某种特定的测评目的而存在的,任何测评工具的编制必须做到有的放矢;否则,测评就没有意义。其次,效度是关于程度的估计,是针对特定的测评目的而言的,效度只是程度上的差别,而不是有或无的差别。

效度依据研究的目的和评估方法分为三种:内容效度、效标关联效度及结构效度。由于本书的研究问卷的主要内容引自相关领域的权威学者所开发的比较成熟的量表,因此具有较理想的内容效度。在本书中,问卷的效度分析主要是结构效度,具体可以分为收敛效度分析和区分效度分析。

(1) 收敛效度分析

收敛效度是指同一维度内不同的题项之间具有高度相关性。本书包括四个变量,每个变量包含几个维度,每个维度由几个题项所组成。因此,适合以二阶段验证性因子分析加以验证,而验证性因子分析实际上是针对测量模型的模型拟合度检验。

本书中的拟合度指标有 CFI, NFI, GFI, RMR,采用的标准是 0.8 ~0.9 为合理、0.9 以上为理想;而 RMR 越小则越好。此外,因子负荷量 λ 采用的评价标准是 $\lambda > 0.5$,则显著(Hair,1998)。综合信度(composite reliability,CR)表示维度的内部一致性,采用的标准为 $CR > 0.6$,则为理想(Fornell, Lacker, 1981)。平均方差提取(average variance extracted,AVE)为维度内所有题项对该维度的方差解释力,仍按 Fornell 和 Lacker(1981)的标准:$AVE > 0.5$。

① 组织支持感量表的二阶验证性因子分析

组织支持感量表的二阶验证性因子分析结果显示,在模式的拟合度指标中,$GFI = 0.83$,$NFI = 0.80$,$CFI = 0.86$,均高于 0.8 的合理水平;$RMR = 0.046$,满足可接受水平为小于 0.05 的要求。

各题项的因子负荷量均大于 0.5 的可接受水平,且 P 值均已达到显著水平。因此,组织支持感量表各题项的收敛效度是在可接受的范围内。

另外,组织支持感的工作支持维度的综合信度是 0.879,平均方差提取值为 0.515;利益关心维度的综合信度是 0.899,平均方差提取值为 0.567;个人发展维度的综合信度是 0.918,平均方差提取值为 0.652;支持性氛围维度的综合信度是 0.920,平均方差提取值为 0.657。各维度的综合信度均超过 0.7 的水平,并且平均方差提取值均超过 0.5 的水平,说明指标的内部一致性均为可接受,故组织支持感量表具有良好的内部一致性。具体数据见表 5.9。

表 5.9　组织支持感量表的二阶验证性因子分析

测量维度与题项	MLE 估计参数		综合信度（CR）	平均方差提取值（AVE）
	因子负荷量（λ）	衡量误差（ε）		
第一阶				
工作支持			0.879	0.515
POS1	0.59***	0.65		
POS 2	0.66***	0.56		
POS6	0.76***	0.43		
POS7	0.80***	0.36		
POS4	0.82***	0.32		
POS3	0.55***	0.79		
POS5	0.82***	0.33		
利益关心			0.899	0.567
POS8	0.74***	0.45		
POS13	0.81***	0.35		
POS11	0.91***	0.17		
POS14	0.53***	0.81		
POS9	0.74***	0.46		
POS12	0.85***	0.27		
POS10	0.66***	0.56		
个人发展			0.918	0.652
POS18	0.72***	0.48		
POS20	0.71***	0.50		
POS15	0.80***	0.36		

续表

测量维度与题项	MLE 估计参数		综合信度（*CR*）	平均方差提取值（*AVE*）
	因子负荷量（λ）	衡量误差（ε）		
POS17	0.87***	0.24		
POS19	0.86***	0.25		
POS16	0.86***	0.25		
支持性氛围			0.920	0.657
POS23	0.68***	0.53		
POS 21	0.82***	0.33		
POS26	0.82***	0.32		
POS25	0.87***	0.24		
POS24	0.78***	0.39		
POS22	0.87***	0.24		
第二阶				
组织支持感			0.956	0.846
工作支持	0.81***	0.352		
利益关心	0.92***	0.156		
个人发展	0.95***	0.010		
支持性氛围	0.96***	0.087		
注：① *GFI* = 0.83，*NFI* = 0.80，*CFI* = 0.86，*RMR* = 0.046，所有因子负荷量为标准化结果； ② *** 表示 $P<0.01$。				

② 心理资本量表的二阶验证性因子分析

心理资本量表的二阶验证性因子分析结果显示，在模式的拟合度指标中，*GFI* = 0.84，*NFI* = 0.83，*CFI* = 0.90，均高于 0.8 的合理水平；*RMR* = 0.044，满足可接受水平为小于 0.05 的要求。

各题项的因子负荷量均大于 0.5 的可接受水平，且 *P* 值均已达到显著水平。因此,心理资本各题项的收敛效度是在可接受的范围内。

另外,心理资本的自我效能感维度的综合信度是0.880,平均方差提取值为0.550;希望维度的综合信度是0.877,平均方差提取值为0.543;乐观维度的综合信度是0.822,平均方差提取值为0.539;坚韧性维度的综合信度是0.804,平均方差提取值为0.509。各维度的综合信度均超过0.7的水平,并且平均方差提取值均超过0.5的水平,说明指标的内部一致性均为可接受,故组织支持感量表具有良好的内部一致性。具体数据见表5.10。

表5.10 心理资本量表的二阶验证性因子分析

测量维度与题项	MLE估计参数		综合信度（CR）	平均方差提取值（AVE）
	因子负荷量（λ）	衡量误差（ε）		
第一阶				
自我效能感			0.880	0.550
PSYCAP4	0.82***	0.33		
PSYCAP5	0.74***	0.46		
PSYCAP3	0.71***	0.49		
PSYCAP2	0.76***	0.42		
PSYCAP1	0.73***	0.46		
PSYCAP6	0.68***	0.54		
希望			0.877	0.543
PSYCAP10	0.68***	0.54		
PSYCAP7	0.75***	0.44		
PSYCAP11	0.81***	0.34		
PSYCAP8	0.76***	0.42		
PSYCAP9	0.66***	0.56		
PSYCAP12	0.75***	0.44		

续表

测量维度与题项	MLE 估计参数		综合信度（CR）	平均方差提取值（AVE）
	因子负荷量（λ）	衡量误差（ε）		
乐观			0.822	0.539
PSYCAP13	0.51***	0.49		
PSYCAP14	0.65***	0.58		
PSYCAP16	0.74***	0.46		
PSYCAP15	0.74***	0.46		
PSYCAP18	0.69***	0.48		
PSYCAP17	0.72***	0.53		
坚韧性			0.804	0.509
PSYCAP23	0.66***	0.55		
PSYCAP21	0.53***	0.72		
PSYCAP19	0.54***	0.70		
PSYCAP20	0.64***	0.61		
PSYCAP24	0.69***	0.53		
PSYCAP22	0.75***	0.44		
第二阶				
心理资本			0.941	0.801
自我效能感	0.86***	0.257		
希望	0.98***	0.042		
乐观	0.90***	0.184		
坚韧性	0.83***	0.313		

注：① $GFI=0.84$，$NFI=0.83$，$CFI=0.90$，$RMR=0.044$，所有因子负荷量为标准化结果；
② *** 表示 $P<0.001$。

③ 情感承诺量表的二阶验证性因子分析

情感承诺量表的二阶验证性因子分析结果显示，在模式的拟合度指标中，$GFI=0.95$，$NFI=0.96$，$CFI=0.97$，均高于 0.9 的理想水平；$RMR=0.034$，满足可接受水平为小于 0.05 的要求。

各题项的因子负荷量均大于 0.5 的可接受水平，且 P 值均已达到显著水平。因此，情感承诺量表各题项的收敛效度是在可接受的范围内。

另外，情感承诺的综合信度是 0.921，平均方差提取值为 0.662，均超过 0.5 的水平，说明指标的内部一致性均为可接受。具体数据见表 5.11。

表 5.11　情感承诺量表的二阶验证性因子分析

维度及题项	MLE 估计参数		综合信度（CR）	平均方差提取值（AVE）
	因子负荷量（λ）	衡量误差（ε）		
第一阶			0.921	0.662
AC4	0.89***	0.21		
AC5	0.89***	0.22		
AC6	0.82***	0.32		
AC3	0.81***	0.35		
AC1	0.76***	0.42		
AC2	0.70***	0.51		

注：① $GFI=0.95$，$NFI=0.96$，$CFI=0.97$，$RMR=0.034$，所有因子负荷量为标准化结果；
② *** 表示 $P<0.01$。

④ 工作绩效量表的二阶验证性因子分析

工作绩效量表的二阶验证性因子分析结果显示，在模式的拟合度指标中，$GFI=0.89$，$NFI=0.88$，$CFI=0.90$，均高于 0.8 的合理水平；$RMR=0.046$，满足可接受水平为小于 0.05 的要求。

各题项的因子负荷量均大于0.5的可接受水平，且P值均已达到显著水平。因此，工作绩效量表各题项的收敛效度是在可接受的范围内。

另外，工作绩效的任务绩效维度的综合信度是0.742，平均方差提取值为0.509；关系绩效维度的综合信度是0.864，平均方差提取值为0.516。各维度的综合信度均超过0.7的水平，并且平均方差提取值均超过0.5的水平，说明指标的内部一致性均为可接受，故工作绩效量表具有良好的内部一致性。具体数据见表5.12。

表5.12　工作绩效量表的二阶验证性因子分析

测量维度与题项	MLE估计参数		综合信度（CR）	平均方差提取值（AVE）
	因子负荷量（λ）	衡量误差（ε）		
第一阶				
任务绩效			0.742	0.509
Performance3	0.71***	0.50		
Performance2	0.72***	0.48		
Performance1	0.67***	0.56		
关系绩效			0.864	0.516
Performance6	0.84***	0.29		
Performance9	0.72***	0.48		
Performance5	0.76***	0.42		
Performance8	0.71***	0.50		
Performance7	0.68***	0.53		
Performance4	0.57***	0.68		

续表

测量维度与题项	MLE 估计参数		综合信度（CR）	平均方差提取值（AVE）
	因子负荷量（λ）	衡量误差（ε）		
第二阶				
工作绩效			0.936	0.879
任务绩效	0.91***	0.17		
关系绩效	0.96***	0.08		

注：① $GFI = 0.89$，$NFI = 0.88$，$CFI = 0.90$，$RMR = 0.046$，所有因子负荷量为标准化结果；
② *** 表示 $P < 0.001$。

（2）区分效度分析

区分效度是指测量不同概念的题项之间不应该具有显著的相关性，这里主要检验同一变量的不同维度之间是否存在区别。根据 Anderson 和 Gerbing（1988）的建议，分别将各量表中维度之间的相关系数设定为1，然后将此限定模式与未限定之原测量模式之间进行卡方差异度检验，若限定模式的卡方值较原未限定之原测量模式的卡方值大且达显著水平，则表示维度之间具有区分效度。

① 组织支持感的区分效度分析

对组织支持感各维度的区分效度分析见表5.13。当将量表中两两维度的相关系数设定为1时，其设定模式的卡方值明显高于未设定模式的卡方值，且达到显著性差异水平。据此可以判断组织支持感的四个维度间具有区分效度。

表 5.13 组织支持感各维度的区分效度分析

模式	卡方值	自由度	Δ卡方值/Δ自由度	检验
未限定原始衡量模式	996.82	293		
工作支持与利益关心相关系数为 1	1 019.05	294	22.23	***
工作支持与个人发展相关系数为 1	1 014.32	294	17.50	***
工作支持与支持性氛围相关系数为 1	1 020.04	294	23.22	***
利益关心与个人发展相关系数为 1	1 012.58	294	15.76	***
利益关心与支持性氛围相关系数为 1	1 009.56	294	12.74	***
个人发展与支持性氛围相关系数为 1	1 013.85	294	17.03	***

注：*** 表示 $P<0.001$。

② 心理资本的区分效度分析

对心理资本各维度的区分效度分析见表 5.14。当将量表中两两维度的相关系数设定为 1 时，其设定模式的卡方值明显高于未设定模式的卡方值，且达到显著性差异水平。据此可以判断心理资本的四个维度间具有区分效度。

表 5.14 心理资本各维度的区分效度分析

模式	卡方值	自由度	Δ卡方值/Δ自由度	检验
未限定原始衡量模式	874.91	247		
自我效能感与希望相关系数为 1	895.65	248	20.74	***
自我效能感与乐观相关系数为 1	892.00	248	17.09	***
自我效能感与坚韧性相关系数为 1	910.50	248	35.59	***
希望与乐观相关系数为 1	894.22	248	19.31	***
希望与坚韧性相关系数为 1	894.47	248	19.56	***
乐观与坚韧性相关系数为 1	889.78	248	14.87	***

注：*** 表示 $P<0.001$。

③ 工作绩效的区分效度分析

对工作绩效各维度的区分效度分析见表5.15。当将量表中两两维度的相关系数设定为1时,其设定模式的卡方值明显高于未设定模式的卡方值,且达到显著性差异水平。据此可以判断工作绩效的两个维度间具有区分效度。

表5.15　工作绩效各维度的区分效度分析

模式	卡方值	自由度	Δ卡方值/Δ自由度	检验
未限定原始衡量模式	120.69	26		
任务绩效与关系绩效相关系数为1	149.23	27	28.54	***

注:*** 表示 $P<0.001$。

5.3　变量的描述性统计与相关性分析

5.3.1　变量的描述性统计分析

本节主要进行组织支持感、心理资本、员工情感承诺和工作绩效四个变量的描述性统计分析。通过描述性统计分析也可以了解被调查对象对各个变量及维度的认同程度,通常均值越高,表示被调查对象对该题项的认同程度越高;标准差越小,表明被调查对象对该题项的认同程度越接近事实。

各研究变量的描述性统计分析见表5.16。

表5.16 各研究变量的描述性统计分析

研究变量 \ 统计分析		样本数	最小值	最大值	均值	标准误差
组织支持感	工作支持	207	2.00	6.00	4.50	0.803 6
	利益关心	207	1.57	6.00	4.11	0.960 6
	个人发展	207	1.67	6.00	4.50	0.984 2
	支持性氛围	207	1.33	6.00	4.35	0.931 6
心理资本	自我效能感	207	1.67	6.00	4.64	0.787 1
	希望	207	1.33	6.00	4.59	0.777 3
	乐观	207	2.17	6.00	4.52	0.690 9
	坚韧性	207	2.50	5.83	4.24	0.664 5
情感承诺		207	2.00	6.00	4.60	0.713 5
工作绩效	任务绩效	207	2.00	6.00	4.76	0.726 1
	关系绩效	207	2.00	6.00	4.62	0.894 3

（1）组织支持感的描述性统计分析

根据对员工组织支持感的描述性统计分析，员工在工作支持、利益关心、个人发展和支持性氛围四个维度的得分均值依次为4.50，4.11，4.50，4.35，表明员工在组织给予的薪酬、福利，组织对自己工作贡献的重视，组织营造的公平、友好的工作氛围等方面的认同相对较低，而对组织主动给予工作方面的指导、不轻易解雇员工以及给予个人发展的机会和空间的认同程度较高。

（2）心理资本的描述性统计分析

由对员工组织支持感的描述性统计分析可知，员工在自我效能感、希望、乐观和坚韧性四个维度的得分均值依次为4.64，4.59，4.52，4.24，表明员工在面对工作中的逆境而迅速恢复和适应的能力相对较低，而在自信、对未来充满希望和乐观方面的认同程度相对较高。

（3）员工情感承诺的描述性统计分析

员工在情感承诺方面的得分均值为 4.60，表明员工对在企业的投入、参与程度，包括价值目标认同、员工自豪感以及为了企业的利益自愿做出牺牲和贡献等方面的认同程度较高。

（4）员工工作绩效的描述性统计分析

在工作绩效方面，员工在任务绩效和关系绩效两个维度上得分的均值分别为 4.76，4.62，数据表明员工不仅对能保质保量完成工作任务方面给予较高的认同，而且对公平对待同事、主动帮助他人等角色外行为表现出较高的认同。

5.3.2　人口统计学变量在各研究变量上的差异性分析

（1）性别

使用 T 检验对性别状况在各研究变量上的差异性分析结果见表 5.17。不同性别的员工在四个变量上存在一定的差异，且在组织支持感方面差异较为显著。男性员工在组织支持感、心理资本、情感承诺和工作绩效方面的认同程度均高于女性员工。

表 5.17　性别在各研究变量上的差异性分析

研究变量 \ 性别		均值		*T* 值	*P* 值
		男(134)	女(73)		
组织支持感	工作支持	4.526 7	4.438 4	0.749	0.455
	利益关心	4.237 7	3.868 9	2.526	0.013**
	个人发展	4.454 0	4.098 2	2.429	0.016**
	支持性氛围	4.429 1	4.216 9	1.494	0.138
	整体	4.411 9	4.155 6	2.024	0.045*

续表

研究变量 \ 性别		均值		T 值	P 值
		男(134)	女(73)		
心理资本	自我效能感	4.691 5	4.550 2	1.234	0.219
	希望	4.650 5	4.487 7	1.420	0.158
	乐观	4.573 4	4.233 8	2.034	0.053*
	坚韧性	4.221 4	4.271 7	-0.517	0.606
	整体	4.534 2	4.435 8	1.143	0.255
情感承诺		4.665 4	4.538 8	0.946	0.346
工作绩效	任务绩效	4.659 2	4.516 0	1.428	0.155
	关系绩效	4.753 7	4.785 4	-0.313	0.755
	整体	4.706 5	4.650 7	0.600	0.550

注：* 表示 $P<0.1$，显著差异；** 表示 $P<0.05$，非常显著差异。

另外，由表5.17可知，从变量各个维度的差异性方面来看，男性和女性在组织对于员工的利益关心、个人发展的促进方面以及对待工作的乐观程度方面存在显著性差异。男性在上述三个方面表现出的认同程度明显高于女性，这可能是因为男性可能更看中组织为个人的发展创造的条件，而非眼前的物质利益和福利水平。另外，在遇到工作上的困难时，男性表现出相对更为乐观的态度。

（2）婚姻状况

使用T检验对婚姻状况在各研究变量上的差异性分析结果见表5.18。不同婚姻状况的员工在四个变量上存在一定的差异，其中在组织支持感方面的差异较为显著。已婚员工在组织支持感、心理资本、情感承诺和工作绩效方面的认同程度均相对较高。

表 5.18　婚姻状况在各研究变量上的差异性分析

研究变量 \ 婚姻状况		均值		T 值	P 值
		未婚	已婚		
组织支持感	工作支持	4.441 7	4.569 8	-1.161	0.247
	利益关心	4.039 3	4.202 0	-1.204	0.230
	个人发展	4.213 9	4.486 6	-2.026	0.044**
	支持性氛围	4.256 9	4.488 5	-1.797	0.074*
	整体	4.237 9	4.436 7	-1.729	0.085*
心理资本	自我效能感	4.568 1	4.743 3	-1.635	0.095*
	希望	4.543 9	4.660 9	-1.095	0.275
	乐观	4.465 3	4.605 4	-1.428	0.155
	坚韧性	4.205 6	4.285 4	-0.833	0.406
	整体	4.445 7	4.573 8	-1.499	0.135
情感承诺		4.586 1	4.668 6	-0.645	0.520
工作绩效	任务绩效	4.630 6	4.578 5	0.512	0.609
	关系绩效	4.740 3	4.798 9	-0.571	0.569
	整体	4.685 4	4.688 7	-0.035	0.972

注：* 表示 $P<0.1$，显著差异；** 表示 $P<0.05$，非常显著差异。

另外，由表 5.18 可知，从变量各个维度的差异性方面来看，在个人发展、支持性氛围和自我效能感方面，已婚个体的认同程度明显要高于未婚个体，差异较为显著。出现这种现象的原因可能在于已婚个体因年龄相对较大和社会阅历丰富，在组织中更受到尊重和重视，获得的发展机会也较多。另外，已婚个体往往工作年限较长，技能成熟，在工作中会表现得更为自信。

(3) 年龄

使用单因素方差分析方法对年龄在各研究变量上的差异性分

析结果见表5.19。不同年龄的员工在四个变量上存在一定的差异，其中，在情感承诺和工作绩效方面的差异较为显著。年龄在46岁以上的员工在组织支持感方面的认同程度相对较低，处于35～46岁的员工在心理资本、情感承诺和工作绩效方面的认同程度相对较高。

表5.19　年龄在各研究变量上的差异性分析

研究变量＼年龄		均值				F值	P值
		≤25	26～35	36～45	≥46		
组织支持感	工作支持	4.559 3	4.490 6	4.516 1	4.061 2	0.786	0.503
	利益关心	4.179 3	4.104 2	4.101 4	3.714 3	0.476	0.699
	个人发展	4.365 2	4.371 6	4.333 3	3.309 5	2.664	0.049**
	支持性氛围	4.358 2	4.368 9	4.360 2	4.047 6	0.261	0.854
	整体	4.365 5	4.333 8	4.327 8	3.783 2	1.019	0.385
心理资本	自我效能感	4.659 6	4.580 6	4.919 4	4.357 1	1.867	0.136
	希望	4.542 6	4.549 2	4.906 5	4.309 5	2.225	0.086*
	乐观	4.489 4	4.497 3	4.725 8	4.333 3	1.162	0.325
	坚韧性	4.216 3	4.240 4	4.215 1	4.476 2	0.326	0.807
	整体	4.477 0	4.466 9	4.691 7	4.369 0	1.288	0.280
情感承诺		4.645 4	4.504 1	5.064 5	4.523 8	3.389	0.019**
工作绩效	任务绩效	4.539 0	4.524 6	5.053 8	4.571 4	5.020	0.002***
	关系绩效	4.748 2	4.715 8	5.037 6	4.523 8	1.935	0.125
	整体	4.643 6	4.620 2	5.045 7	4.547 6	3.716	0.012**

注：* 表示 $P<0.1$，显著差异；** 表示 $P<0.05$，非常显著差异；*** 表示 $P<0.01$，极显著差异。

另外，从变量各个维度的差异性方面来看，不同年龄段的员工在个人发展、希望、情感承诺和任务绩效方面存在明显差异。在组织支持个人发展方面，年龄小的员工比年龄相对较大的员工被给予更多认同，这可能是因为组织比较重视年轻员工的职业发展，认为他们有更大的发展空间，故而在培养、培训方面给予更多的支持。而在希望、情感承诺和任务绩效方面，处于 35 ~46 岁的个体表现出更高的水平。究其原因，可能在于该年龄段的个体在工作上精力充沛、技能娴熟、更加投入，即使工作时间不长但易对组织产生感情。

(4) 教育程度

使用单因素方差分析方法对教育程度在各研究变量上的差异性分析结果见表 5.20。不同教育程度的员工在四个变量上存在一定的差异，且差异性均较为显著。其中，硕士及以上学历的员工在组织支持感方面的认同程度相对较高，本科学历员工在心理资本和情感承诺上的认同程度相对较高，而大专学历的员工在工作绩效方面的认同程度相对较高。

表 5.20　教育程度在各研究变量上的差异性分析

研究变量＼教育程度		均值				F 值	P 值
		中学/中专	大专	本科	硕士及以上		
组织支持感	工作支持	4.265 9	4.538 5	4.507 2	4.587 3	1.302	0.275
	利益关心	3.865 1	3.963 4	4.205 0	4.229 0	1.645	0.180
	个人发展	4.064 8	4.085 5	4.417 9	4.531 7	2.811	0.040**
	支持性氛围	3.925 9	4.290 6	4.483 1	4.497 4	3.670	0.013**
	整体	4.030 4	4.219 5	4.403 3	4.461 4	2.507	0.060*
心理资本	自我效能感	4.236 1	4.658 1	4.799 5	4.690 5	4.406	0.005***
	希望	4.236 1	4.692 3	4.709 2	4.608 5	3.377	0.019**
	乐观	4.259 3	4.666 7	4.647 3	4.452 4	3.389	0.019**
	坚韧性	4.097 2	4.260 7	4.386 5	4.145 5	2.144	0.096*
	整体	4.207 2	4.569 4	4.635 6	4.474 2	4.351	0.005***

续表

研究变量 \ 教育程度		均值				F值	P值
		中学/中专	大专	本科	硕士及以上		
情感承诺		4.347 2	4.696 6	4.792 3	4.542 3	1.475	0.082*
工作绩效	任务绩效	4.518 5	4.735 0	4.690 8	4.492 1	4.559	0.222
	关系绩效	4.416 7	4.935 9	4.896 1	4.714 3	2.264	0.004***
	整体	4.467 6	4.835 5	4.793 5	4.603 2	2.950	0.034*

注：* 表示 $P<0.1$，显著差异，** 表示 $P<0.05$，非常显著差异；*** 表示 $P<0.01$，极显著差异。

另外，从变量各个维度的差异性方面来看，不同教育程度的个体在个人发展、支持性氛围、心理资本、情感承诺和关系绩效方面存在显著性差异。就组织支持感而言，硕士及以上高学历层次的员工对组织重视个人发展和营造支持性氛围等方面的认同明显高于学历层次相对较低的员工，其中的原因可能在于高学历员工在组织中会更加得到重视和尊重，拥有更多的发展机会。在心理资本方面，低学历层次的员工表现出较低的水平，其主要原因可能在于这些人在单位中并非处于关键岗位，与高学历者相比，缺少发展机会，因此很难拥有相对较高的积极心理状态。另外，在关系绩效方面，大专以上高学历层次的员工也比中学/中专学历层次的员工表现得更好。

(5) 工作岗位

使用单因素方差分析方法对工作岗位在各研究变量上的差异性分析结果见表5.21。不同工作岗位的员工在四个变量上存在一定的差异，其中，在心理资本和工作绩效方面的差异较为显著，而在其他两个变量上的差异并不明显。中层管理人员在组织支持感方面的认同程度相对较高，而高级管理人员在其他三个变量上的认同程度较高。

表 5.21　工作岗位在各研究变量上的差异性分析

研究变量 \ 工作岗位		均值				F 值	P 值
		普通员工	基层管理人员	中层管理人员	高层管理人员		
组织支持感	工作支持	4.489 1	4.440 0	4.733 3	4.514 3	0.518	0.671
	利益关心	4.192 9	3.900 0	4.190 5	3.600 0	1.657	0.178
	个人发展	4.399 0	4.236 7	4.355 6	3.233 3	2.500	0.061 *
	支持性氛围	4.394 2	4.250 0	4.344 4	4.333 3	0.291	0.832
	整体	4.368 8	4.206 7	4.406 0	3.920 2	0.893	0.446
心理资本	自我效能感	4.524 3	4.756 7	5.122 2	5.266 7	4.504	0.004 ***
	希望	4.550 6	4.626 7	4.800 0	4.800 0	0.636	0.592
	乐观	4.465 9	4.560 0	4.777 8	5.000 0	1.857	0.138
	坚韧性	4.214 1	4.276 7	4.177 8	4.733 3	1.084	0.357
	整体	4.438 7	4.555 0	4.719 4	4.950 0	2.209	0.088 *
情感承诺		4.565 7	4.763 3	4.588 9	4.800 0	0.667	0.573
工作绩效	任务绩效	4.515 8	4.740 0	4.866 7	5.066 7	2.747	0.044 **
	关系绩效	4.697 1	4.893 3	4.888 9	4.966 7	1.198	0.312
	整体	4.606 4	4.816 7	4.877 8	5.016 7	2.154	0.095 *

注：* 表示 $P<0.1$，显著差异；** 表示 $P<0.05$，非常显著差异；*** 表示 $P<0.01$，极显著差异。

另外，从变量各个维度的差异性方面来看，高层管理人员在认同组织重视自身发展明显低于其他员工，而在自我效能感、任务绩效方面却显著高于其他员工。究其原因，这可能是因为高层管理人员因在组织中身处高位，在个人发展方面已经获得了很高的成就，无须接受组织更多的培训支持；在自信方面，一般而言，高层管理人员因事业上的成就而表现出更高的自信；而在完成工作任务上，高层管理人员更愿意身先士卒，圆满完成工作任务，起到应有的表率作用。

（6）任职时间

使用单因素方差分析方法对任职时间在各研究变量上的差异性分析结果见表5.22。不同任职时间的员工在四个变量上存在一定的差异，其中在组织支持感方面的差异较为显著，而在其他三个变量上的差异并不明显。任职时间在7年以上的员工的组织支持感明显较低，任职时间为1～3年的员工在心理资本与工作绩效上的认同程度相对较高，而任职时间为1年及以下的员工在对组织的情感承诺方面的认同程度相对较高。

表5.22　任职时间在各研究变量上的差异性分析

研究变量＼任职时间		均值				F值	P值
		≤1年	1～3年	4～7年	≥7年		
组织支持感	工作支持	4.574 1	4.613 0	4.599 4	4.197 8	3.30 7	0.021**
	利益关心	4.219 6	4.179 2	4.254 7	3.785 7	2.718	0.046**
	个人发展	4.540 1	4.336 4	4.503 6	3.945 5	4.123	0.007***
	支持性氛围	4.447 5	4.442 4	4.467 4	4.064 1	2.294	0.079*
	整体	4.445 3	4.392 7	4.456 3	3.998 3	3.649	0.014**
心理资本	自我效能感	4.527 8	4.851 5	4.565 2	4.605 8	1.885	0.133
	希望	4.503 1	4.787 9	4.641 3	4.437 8	2.180	0.092*
	乐观	4.429 0	4.663 6	4.463 8	4.528 8	1.210	0.307
	坚韧性	4.222 2	4.272 7	4.112 3	4.333 3	0.965	0.410
	整体	4.420 5	4.643 9	4.445 7	4.476 4	1.499	0.216
情感承诺		4.725 3	4.566 7	4.659 4	4.535 3	0.210	0.890
工作绩效	任务绩效	4.549 4	4.630 3	4.601 4	4.653 8	0.741	0.529
	关系绩效	4.669 8	4.869 7	4.728 3	4.785 3	0.496	0.685
	整体	4.609 6	4.750 0	4.664 9	4.719 6	0.462	0.709

注：* 表示 $P<0.1$，显著差异；** 表示 $P<0.05$，非常显著差异；*** 表示 $P<0.01$，极显著差异。

另外，从变量各个维度的差异性方面来看，不同任职年限的员工在工作支持、利益关心、个人发展、支持性氛围和希望水平方面存在明显的差异，具体表现如下：任职年限在 7 年以上的员工在组织支持感的各维度上认同程度明显偏低；在心理资本的希望维度上与其他员工相比也较低，这可能是因为工作年限较长的员工对组织给予的各方面支持行为早已习以为常，支持的边际效用下降，导致其对组织支持的认同度降低。希望水平低主要是因为任职时间较长的员工觉得自己是老员工，对工作的未来前景看得比别人更清楚，无论出现什么样的工作结果，都已司空见惯，没有任何憧憬。

（7）企业性质

使用单因素方差分析方法对企业性质在各研究变量上的差异性分析结果见表 5.23。不同企业性质的员工在四个变量上存在一定的差异，其中民营企业员工的组织支持感、心理资本相对较高，合资/外资企业员工的情感承诺与工作绩效相对较高，但差异均不显著。

表 5.23　企业性质在各研究变量上的差异性分析

研究变量＼企业性质		均值			F 值	P 值
		国有/集体	民营	合资/外资		
组织支持感	工作支持	4.407 0	4.606 3	4.457 9	1.348	0.262
	利益关心	4.053 2	4.212 5	4.007 3	0.839	0.434
	个人发展	4.191 9	4.504 1	4.260 7	2.253	0.098*
	支持性氛围	4.244 2	4.532 5	4.222 2	2.530	0.082*
	整体	4.224 0	4.463 9	4.237 0	1.989	0.140
心理资本	自我效能感	4.567 8	4.768 3	4.538 5	1.788	0.070*
	希望	4.500 0	4.700 4	4.572 6	1.417	0.245
	乐观	4.484 5	4.561 0	4.534 2	0.260	0.771
	坚韧性	4.281 0	4.248 0	4.128 2	0.719	0.488
	整体	4.458 3	4.569 4	4.443 4	0.907	0.405

续表

研究变量＼企业性质		均值			F值	P值
		国有/集体	民营	合资/外资		
情感承诺		4.509 7	4.693 1	4.713 7	1.144	0.321
工作绩效	任务绩效	4.546 5	4.577 2	4.812 0	2.009	0.037**
	关系绩效	4.751 9	4.806 9	4.705 1	0.281	0.755
	整体	4.649 2	4.692 1	4.758 5	0.363	0.696

注：* 表示 $P<0.1$，显著差异；** 表示 $P<0.05$，非常显著差异。

另外，从变量各个维度的差异性方面来看，不同企业性质的员工在感知的支持性氛围、自我效能感和任务绩效方面的差异较为显著。其中，民营企业员工对组织营造的支持性氛围、给予的个人发展机会更加认同，并表现出较高的自信；而合资/外资企业的员工在任务绩效上表现得更加出色。出现这种现象的原因可能在于，民营企业更加重视人才的引进和培养，在工作和待遇上也表现得更为公平；合资/外资企业员工在任务绩效方面的突出，一方面可能由于一般进入合资/外资企业的员工的自身素质较高，能够胜任自己的工作；另一方面还在于合资/外资企业的考核相对较严格，员工很难在工作上有投机的机会。

5.3.3　各研究变量间的相关性分析

本书主要研究组织支持感及其各维度与心理资本、员工工作产出间的相互关系，因此有必要对组织支持感及其各维度与其他变量进行相关性分析，了解它们之间的相关程度，明确是否适合进行后续的结构方程模型检验。

表5.24列出了组织支持感及各维度与其他研究变量的均值、标准差及Pearson相关系数。

表 5.24 组织支持感及各维度与其他研究变量的均值、标准差及 Pearson 相关系数

	均值	标准差	POS1	POS2	POS3	POS4	POS	PC	AC	WP
POS1	4.495 5	0.803 55	1.000							
POS2	4.107 7	0.960 61	0.660(**)	1.000						
POS3	4.328 5	0.984 22	0.691(**)	0.836(**)	1.000					
POS4	4.354 3	0.931 64	0.685(**)	0.818(**)	0.878(**)	1.000				
POS	4.321 5	0.836 48	0.823(**)	0.919(**)	0.944(**)	0.936(**)	1.000			
PC	4.499 5	0.607 02	0.575(**)	0.389(**)	0.420(**)	0.501(**)	0.513(**)	1.000		
AC	4.686 8	0.666 01	0.540(**)	0.387(**)	0.366(**)	0.452(**)	0.601(**)	0.750(**)	1.000	
WP	4.620 8	0.894 31	0.555(**)	0.523(**)	0.554(**)	0.555(**)	0.474(**)	0.578(**)	0.675(**)	1.000

注：** 表示在 0.01 水平上显著相关(双尾检验)。

从相关性分析可以发现，员工组织支持感及其四个不同维度与其心理资本、情感承诺，以及工作绩效都存在 0.01 水平上的显著相关关系。

对于变量间可能存在的多重共线性的问题，根据 Rockwell (1975)所给的 0.80 的标准，表 5.24 列出的组织支持感及其四个维度与心理资本、情感承诺、工作绩效间的相关系数均小于 0.80，最高的是心理资本与情感承诺间的相关系数(为 0.750)。因此，多重共线性的检查结果表明数据适合结构方程模型分析。

5.4 结构方程模型与假设检验

本节首先对理论模型与样本数据间的拟合效果进行分析，再在此基础上通过结构方程模型来检验理论模型中提出的相关假设。

5.4.1 整体模型的拟合度

整体模型的拟合指数是用以评价理论模型和样本数据间整体拟合度的指标。其一般分为三种类型：绝对拟合指数(absolute fit index)、相对拟合指数(relative fit index)和简约拟合指数(parsimonious fit index)。

(1) 绝对拟合指数

绝对拟合指数是将理论模型(M_t)和饱和模型(M_s)相比较得到的一个统计量。这里的饱和模型(saturated model)是指各观测变量之间均允许相关,是自由度为0的最复杂的模型,能百分之百地反映数据的原有关系。绝对拟合指数事实上是用于衡量所研究的理论模型与样本数据的拟合程度(候杰泰等,2004)。常见的绝对拟合指数包括χ^2(卡方值)、近似误差均方根(root mean square error of approximation,RMSEA)、残差均方根(standard root mean square residual,SRMR)和拟合优度指数(goodness-of-fit index,GFI)。各指数的理想值见表5.25。

(2) 相对拟合指数

相对拟合指数是通过将理论模型和基准模型(baseline model)比较得到的统计量。通常是用虚模型(null model)作为基准模型。相对拟合指数实质上是将理论模型与虚模型进行比较,看拟合程度改进了多少(候杰泰等,2004)。常见的相对拟合指数有规范拟合指数(normed fit index,NFI)、增值拟合指数(incremental fix index,IFI)和比较拟合指标(comparative fit index,CFI)。各指数的理想值见表5.25所示。

(3) 简约拟合指数

简约拟合指数是前两类指数派生出来的一类指数,通过将某个拟合指数(如GFI,NFI)乘以简约比(parsimony ratio)df_t/df_n来计算,被应用来简化参数较多的复杂模型。常用的简约拟合指数包括PNFI(简约规范拟合指数)和PGFI(简约拟合优度指数)。各指数的理想值见表5.25。

在本书中,整体模型的拟合情况见表5.25,从拟合结果来看,只有*GFI*为0.890,稍低于理想值0.9,但较为接近,可以接受。因此模型与数据拟合效果总体较好。

表 5.25　研究模型整体拟合度结果

拟合指标		指标值	理想值	拟合结果
绝对拟合指数	χ^2	188.450	越小越好	较好
	χ^2/df	4.711	2～5	接受
	RMSEA	0.090	<0.10	接受
	SRMR	0.074	<0.08	接受
	GFI	0.890	>0.90	接受
相对拟合指数	*NFI*	0.900	>0.90	较好
	IFI	0.920	>0.90	较好
	CFI	0.920	>0.90	较好
简约拟合指数	*PNFI*	0.650	>0.50	较好
	PGFI	0.530	>0.50	较好

5.4.2　假设检验

对于理论模型中提出的假设 1、假设 2、假设 3、假设 4 和假设 5 及其相关的子假设可以借助表 5.24 给出的组织支持感及其各维度与心理资本、情感承诺和工作绩效三个变量之间的 Pearson 相关系数来检验。而对于假设 7、假设 8 以及整体模型的检验可以通过结构方程模型的比较来进行。

假设 1：组织支持感对员工的情感承诺呈正向相关关系。

由表 5.24 可以看出，组织支持感与员工情感承诺之间的相关系数 $r=0.601$，$P<0.01$。结果表明，组织支持感对情感承诺有显著正向的直接影响，即员工对组织支持感的认同程度越高，其对组织的情感承诺就越高。因此，本书的假设 1 得到支持。

另外，同样从表 5.24 可知，组织支持感的四个维度与情感承诺的相关系数依次为0.540,0.387,0.366,0.452,且P值都小于0.01,故均呈显著正向相关关系。因此,假设1的四个子假设H1a,H1b,H1c,H1d也全部得到支持。

假设2:员工的组织支持感与其工作绩效呈正向相关关系。

由表5.24可以看出,员工的组织支持感与其工作绩效之间的相关系数$r=0.474$,$P<0.01$。数据表明,组织支持感与工作绩效呈显著的正向相关关系,即员工对组织支持感的认同程度越高,其产生工作绩效就越高。因此,本书的假设2可以得到支持。

另外,从表5.24给出的相关系数可知,组织支持感的四个维度与工作绩效相关系数依次为0.555,0.523,0.554,0.555,且P值都小于0.01,故均呈显著正向相关关系,因此假设2的四个子假设H2a,H2b,H2c,H2d全部得到支持。

假设3:员工的心理资本与其工作绩效呈正向相关关系。

由表5.24可以看出,员工的心理资本与其工作绩效之间的相关系数$r=0.578$,$P<0.01$。数据表明,员工心理资本对其工作绩效有显著正向的直接影响,即员工对心理资本的认同程度越高,其产生工作绩效就越高。因此,本书的假设3得到支持。

假设4:员工的心理资本与其情感承诺呈正向相关关系。

同样根据表5.24显示的结果,员工的心理资本与其情感承诺之间的相关系数$r=0.750$,$P<0.01$。结果表明,员工心理资本对其情感承诺有显著正向的直接影响,即员工对心理资本的认同程度越高,其产生的对组织的情感承诺就越高。因此,本书的假设4得到支持。

假设5:组织支持感与员工心理资本呈正向相关关系。

如表5.24所示,员工的组织支持感与其心理资本之间的相关系数$r=0.513$,$P<0.01$。结果表明,员工组织支持感对其心理资本有显著正向的直接影响,即员工对组织支持感的认同程度越高,其产生的心理资本就越高。因此,本书的假设5得到支持。

另外,从表5.24给出的相关系数可知,组织支持感的四个维度与心理资本间的相关系数依次为0.575,0.389,0.420,0.501,且P值都小于0.01,故均呈显著正向相关关系,因此假设5的四个子假设H5a,H5b,H5c,H5d全部得到支持。

假设6:心理资本在组织支持感与员工情感承诺之间起中介作用。

假设7:心理资本在组织支持感与员工工作绩效之间起中介作用。

对于心理资本在组织支持感与员工情感承诺和工作绩效之间的中介效应,本书主要通过比较四个相互嵌套的结构模型(nested models)来验证。

表5.26列出了四个相互嵌套的模型比较结果。

表5.26 各结构模型的拟合优度指数及其相互间的比较

模型	χ^2	df	$\Delta\chi^2$	Δdf	$P^{(a)}$	*RMSEA*	*GFI*	*CFI*	*NNFI*
MT	188.45	40	–	–	–	0.09	0.89	0.92	0.89
M_1	188.50	41	$0.05^{(b)}$	1	0.82	0.09	0.89	0.92	0.89
M_2	213.18	42	$24.68^{(c)}$	1	0.00	0.11	0.87	0.90	0.87
M_3	236.00	42	$47.50^{(d)}$	1	0.00	0.12	0.86	0.89	0.86

注:① $N=207$(listwise);M_T的意思是theoretical model。

② M_T是指本书的基本理论模型(如图3.1所示);M_1是指在M_T基础上取消估计“组织支持感”到“工作绩效”路径;M_2是指在M_1的基础上取消估计“组织支持感”到“情感承诺”路径;M_3是指在M_1的基础上取消估计“心理资本”到“情感承诺”路径。

③ (a)是指该列为给定Δdf下$\Delta\chi^2$的P值;(b)是指与M_T相比较的$\Delta\chi^2$值;(c)是指与M_1相比较的$\Delta\chi^2$值;(d)是指与M_1相比较的$\Delta\chi^2$值。

M_1是在M_T基础上取消估计“组织支持感”到“工作绩效”这一路径(如图5.1、图5.2所示),与M_T相比,M_1的χ^2变化不显著($P=0.82$),并且*RMSEA*,*GFI*,*CFI*和*NNFI*的值都没有变化,因此取消估计“组织支持感”到“工作绩效”这一路径并没有显著降低模型的拟合优度。

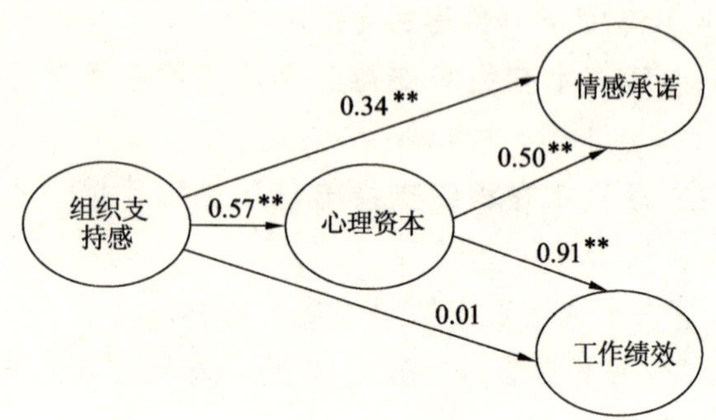

图 5.1　本书的理论模型(M_T)

注: ** 表示在 0.01 水平上显著相关。

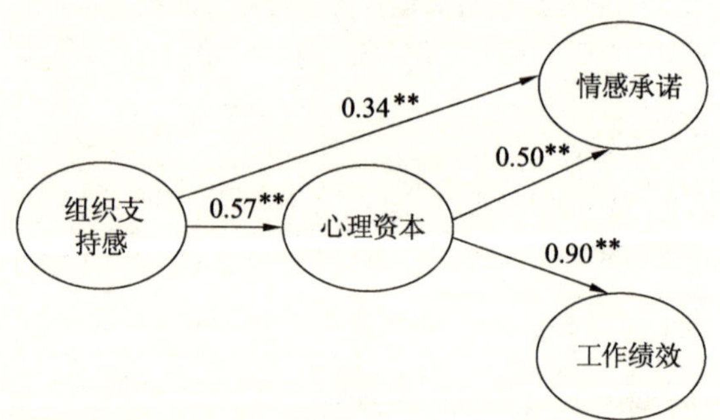

图 5.2　取消估计 M_T 中“组织支持感”到“工作绩效”路径的结构模型 M_1

注: ** 表示在 0.01 水平上显著相关。

M_2 是在 M_1 的基础上取消估计“组织支持感”到“情感承诺”这一路径(如图 5.3 所示),与 M_1 相比, M_2 的 χ^2 显著增加($P<0.01$),并且 *RMSEA*, *GFI*, *CFI*, *NNFI* 等拟合指数都明显变差,因此,取消估计“组织支持感”到“情感承诺”这一路径,模型的拟合优度显著降低。

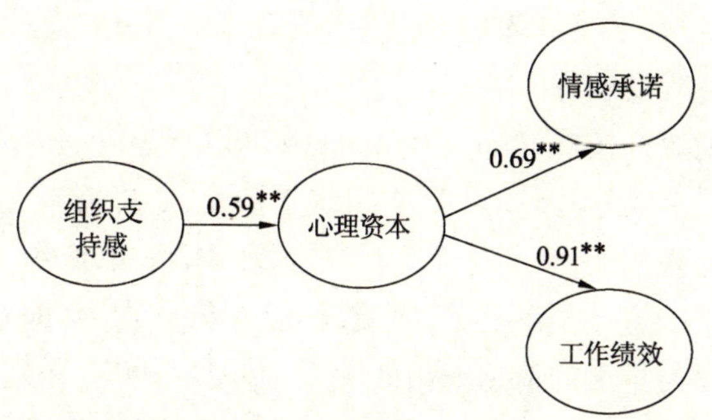

图 5.3　取消估计 M_1 中“组织支持感”到“情感承诺”路径的结构模型 M_2

注：** 表示在 0.01 水平上显著相关。

M_3是在 M_1的基础上取消估计“心理资本”到“情感承诺”这一路径（如图 5.4 所示），与 M_1相比，M_3的 χ^2 显著增加（$P<0.01$），并且 *RMSEA*，*GFI*，*CFI*，*NNFI* 等拟合指数都明显相应变差，因此取消估计“心理资本”到“情感承诺”这一路径也明显降低了模型的拟合优度。

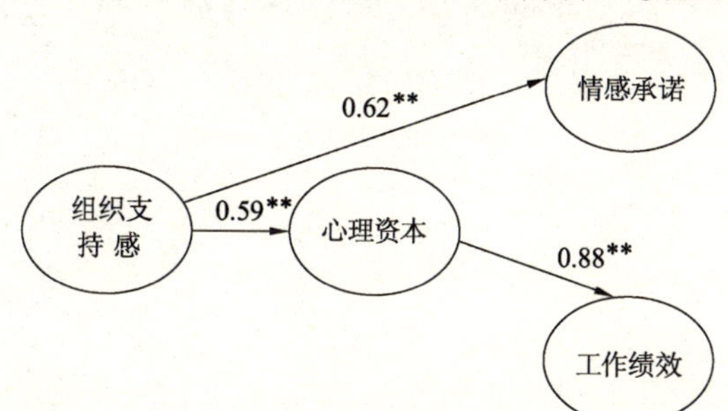

图 5.4　取消估计 M_1 中“心理资本”到“情感承诺”路径的结构模型 M_3

注：** 表示在 0.01 水平上显著相关。

通过上述模型间的比较分析，本书选择接受模型 M_1，即在模型 M_T的基础上取消估计“组织支持感”到“工作绩效”这一路径，最终得到的模型如图 5.2 所示。图 5.1 给出了各个变量之间的标准化路径系数（standardized coefficient）以及显著性水平。从表 5.26 可知，M_1对样本数据的拟合优度 *CFI* 超过理想值 0.90，*GFI*，*NNFI* 都稍小于理想值0.90,而 *RMSEA* 小于临界值0.10。因此,模型 M_1 对样本数据的拟合程度较好。

本书的研究按照 Baron 和 Kenny(1986)所建议的方法来检验假设6 和假设7。由表5.24 可知,组织支持感、心理资本、情感承诺两两之间都显著相关,又通过比较模型 M_2 和 M_1 可知,组织支持感与员工情感承诺的直接关系显著,因此,假设6 得到支持,即心理资本在组织支持感与员工的情感承诺的关系中起部分中介作用。同理,由表5.24 可知,组织支持感、心理资本与工作绩效两两之间显著相关,比较模型 M_1 和 M_T 可知,组织支持感与工作绩效的直接关系不显著,因此,假设7 得到支持,即心理资本在组织支持感与员工工作绩效的关系中起完全中介作用。

至此,本书理论模型所提出的理论假设都得到了支持,组织支持感对员工工作产出的影响的内部心理机制也被破解。最终的结果表明心理资本这一变量在员工组织支持感与其工作产出之间扮演重要角色,起桥梁作用。

第6章 研究结论与未来方向

本章首先对第5章统计分析的结果进行归纳和总结,并提出本书对组织人力资源实践的启示,然后对研究的创新之处与主要局限进行分析,并以此为基础,进一步提出后续研究的方向。

6.1 研究的结论

本书是以社会交换理论和积极组织行为学为理论背景,重点探讨了在组织－员工关系中,员工组织支持感对其心理资本和工作产出方面的影响,以及心理资本在组织支持感与工作产出间的中介作用。在经过相关研究文献回顾的基础上,本书构建了一个理论研究模型,并通过调查数据的收集、整理和统计分析,对所提出的假设进行了逐一验证,具体检验结果见表6.1。本节主要围绕研究的结论进行归纳和总结,并提出对人力资源管理实践的重要启示。

表6.1 本书假设的检验情况汇总

研究假设	检验结果
H1:组织支持感与员工的情感承诺呈正向相关关系	支持
H1a:组织支持感的工作支持维度与员工的情感承诺呈正向相关关系	支持
H1b:组织支持感的利益关心维度与员工的情感承诺呈正向相关关系	支持
H1c:组织支持感的个人发展维度与员工的情感承诺呈正向相关关系	支持

续表

研究假设	检验结果
H1d:组织支持感的支持性氛围维度与员工的情感承诺呈正向相关关系	支持
H2:员工的组织支持感与其工作绩效呈正向相关关系	支持
H2a:组织支持感的工作支持维度与员工的工作绩效呈正向相关关系	支持
H2b:组织支持感的利益关心维度与员工的工作绩效呈正向相关关系	支持
H2c:组织支持感的个人发展维度与员工的工作绩效呈正向相关关系	支持
H2d:组织支持感的支持性氛围维度与员工的工作绩效呈正向相关关系	支持
H3:员工的心理资本与其工作绩效呈正向相关关系	支持
H4:员工的心理资本与其情感承诺呈正向相关关系	支持
H5:组织支持感与员工心理资本呈正向相关关系	支持
H5a:组织支持感的工作支持维度与员工的心理资本呈正向相关关系	支持
H5b:组织支持感的利益关心维度与员工的心理资本呈正向相关关系	支持
H5c:组织支持感的个人发展维度与员工的心理资本呈正向相关关系	支持
H5d:组织支持感的支持性氛围维度与员工的心理资本呈正向相关关系	支持
H6:心理资本在组织支持感与员工情感承诺间起中介作用	支持
H7:心理资本在组织支持感与员工工作绩效间起中介作用	支持

经过第5章的实证分析,本书的主要结论如下:

第一,本书的研究进一步证实在我国组织文化背景下,组织支持感不是单维度的,而是一个多维度的概念,包括工作支持、利益关心、个人发展和支持性氛围四个维度。

第二,组织支持感及其各维度与员工情感承诺显著正相关。这就表明组织重视并认同员工的贡献、关心员工个人及其家庭、提供员工好的工作条件和培训机会、在组织中营造友好公平的支持性氛围,这些能鼓舞和激励员工,使其产生对组织的责任感,从而产生更高的情感承诺。

第三,员工的组织支持感及其各维度与员工工作绩效呈正向相关关系。研究表明当员工感知到组织给予的支持时,便会通过加大工作投入程度来作为对他们从组织中获得资源的回报,而这种回报组织行动的最高境界(a very profound way)就是完全融入工作角色中,以更高的工作绩效来促进组织目标的完成。

第四,员工的组织支持感及其各维度与其心理资本呈正相关关系,即组织给予员工的支持会直接影响员工内在的积极心理状态。组织支持程度越高,员工的心理资本上升得就越高,员工就越能持续为组织的目标和利益付出努力,从而对组织也就越有利。

第五,员工的心理资本与其工作产出正向相关,即员工心理资本会影响个体心理和行为变量,拥有较高水平的心理资本及希望、乐观和坚韧性的员工,更有可能执着地完成自己的工作任务、忠于自己的职责,并能坚定地应对逆境。

第六,心理资本在组织支持感与员工工作绩效、情感承诺关系间起完全中介或部分中介作用。这就意味着员工感知到的组织支持不会直接带来工作产出,而是首先影响员工的内在心理,然后才能带来工作产出。也就是说,员工对组织支持的感知首先会影响员工的积极心理,而长期的这种积极心理不仅会加深员工对组织的依附情感,而且也会使他们更加快乐、高效地投入工作,即使遇到逆境也能从容面对。这一结果也揭示了组织支持感对员工工作产出产生作用的内在心理机制。

第七,员工组织支持感在年龄、工作岗位和企业性质等人口统计特征变量上存在一定的差异。根据对组织支持感在不同人口统计学变量上的差异性分析发现,在性别方面,男性员工的组织支持感普遍高于女性员工;在婚姻状况方面,已婚员工的组织支持感高于未婚员工;在年龄方面,年龄在46岁以上的员工的组织支持感相对较低;在教育程度方面,硕士及以上学历的员工的组织支持感相对较高;在工作岗位方面,中层管理人员的组织支持感相对较高;在任职时间方面,任职7年以上的员工的组织支持感明显较低;在企业性质方面,民营企业员工的组织支持感相对较高。

6.2 研究的实践启示

本书通过心理资本这一全新的视角探讨了组织支持感对员工工作产出的内在作用机制。根据本书的研究结果,员工感知到的组织支持对其心理资本和工作产出有显著的影响。因此企业要提高绩效,赢得人才的竞争优势,就必须努力培养员工的组织支持感,提升员工的心理资本。本书的结论可以为实际管理工作提供一些科学的依据,对实际工作的启示主要体现在以下几个方面。

6.2.1 关注员工的组织支持需求和组织支持感

本书的研究结果显示,组织支持感是影响员工心理资本和工作产出的重要组织行为学变量,因此,关注员工的组织支持需求和组织支持感对于具体实际管理工作具有重要意义。组织管理者尤其是人力资源管理者,必须转变观念,引入"员工至上"的服务意识,将"员工"作为自己的服务对象,关注和研究员工的组织支持需求,定期测查员工的组织支持感,以此作为改进人力资源管理工作的重要依据。

(1) 研究并重视不同类型员工的组织支持需求特征

虽然本书通过实证研究提出了组织支持感的四个维度,即工作支持、利益关心、个人发展与支持性氛围,但是对于具体不同的个体以及不同的具体情境来说，员工的组织支持需求可能存在一定的差异。根据组织支持感的维度特征，可以将不同员工大致区分为四种典型类型。其中，第一种类型的员工比较重视组织在工作上给予的机会，对自己的职业发展定位较低，仅仅满足于有份稳定的工作即可，对组织所提供的工作氛围与经济待遇没有太多的要求，这类人可以被称为“机会导向型”员工。第二种类型的员工更偏重于组织的福利待遇、物质激励，可被称为“利益导向型”员工，他们倾向于干工作就是为了赚钱的理念，更需要物质薪酬的激励。第三种是“发展导向型”员工，在这类员工的眼中，组织能否提供更高的学习、发展空间非常重要，一旦觉得自己在该组织中没有什么前途或无所作为，即使组织的待遇相对较好，工作环境也很安逸，他们（或她们）还是会选择离职，另攀高枝。这类员工往往年龄较轻，对自己的未来有较高的规划和要求，属于雄心勃勃一族。第四种类型的员工属于“关系导向型”，相对于薪酬，他们（或她们）更偏重于支持型的、和谐的组织文化氛围，比较重视工作过程中与上下级以及同事之间的人际关系，重视公司整体的关爱氛围，往往将“工作是否舒心”放在第一位。

（2）重视对员工实际组织支持感的诊断，强化人力资源管理

对于员工个人的组织支持感，公司应主动进行定期测查和具体诊断，这可以为强化公司内部的人力资源管理工作提供信息依据，以便针对不同员工的特殊情况给予相应支持。对于自愿离职的员工进行组织支持感测查，可以为组织人力资源政策制度的制定提供参考。通过测查，对于那些普遍性问题，可以通过制度调整与变革予以解决。对于个别性问题，则要结合个人实际情况、个人对于组织的重要性等具体因素给予不同的应对策略。从不同类型员工的组织支持需求特点来看，员工的实际组织支持感也可归于重利型、满足型、抱怨型和重义型四种（如图6.1所示）。

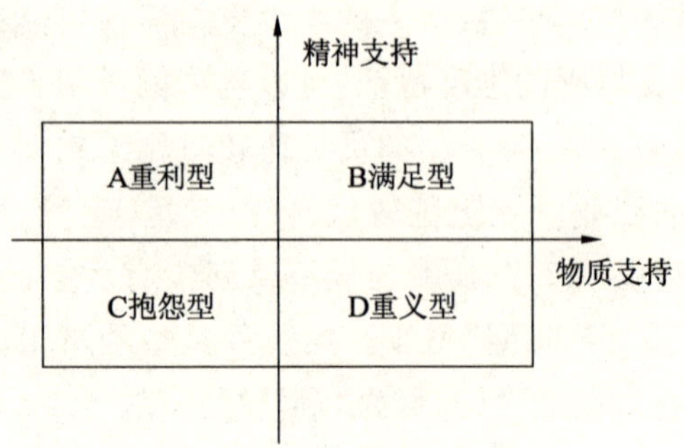

图 6.1　员工组织支持感的分类

由图 6.1 可知，A 型属于感知组织给予的精神层面支持高而物质层面支持低的类型，即重利型。这类员工觉得组织和领导对自己还是比较关心的，但是目前组织提供的薪水较低，如果预期组织给予的薪水不能满足自己的目标需求，可能会倾向于离职，寻找更高待遇的企业。B 型属于感知组织给予的精神层面支持高而物质层面支持也高的类型，即满足型。这类员工往往对自己目前的工作非常满足，这是一种相对理想的类型。C 型属于感知组织给予的精神支持和物质支持均较低的类型，即抱怨型。此类员工抱怨目前的工作，对组织给予的关心和薪水都不满足，常见于消极怠工和离职倾向不断增长的人群，如果不是组织有意淘汰的对象，则需要设计相应的激励措施。D 型属于感知组织给予的物质支持相对较高而精神支持相对较低的类型，属重义型。此类员工认为自己在组织中没有得到足够的重视，虽然薪水待遇较高，但个人发展空间较小，自己的能力不能得到应有的施展，因此对于这类员工，组织应制定相应的政策，主动重视他们的成长和精神需求。

(3) 管理者要树立“以人为本”的管理理念，增强员工的组织支持感

企业管理者总是希望其员工将所拥有的知识和技能奉献给企业，期望员工富有创造性和贡献性，因此，管理实践中必须要树立

“以人为本”的理念，把员工这一人力资源看作企业最为重要的资源，尊重其个性和才能的发挥、鼓励其参与决策活动，使员工在心理上产生主人翁意识并对企业产生强烈的归属感，主动利用掌握的丰富知识和技能为企业服务。同时，企业要在组织内部形成一种以民主和谐为特征的支持性氛围，以支持、沟通和协调为主，一方面，在给出明确的工作任务基础上发挥员工个人的能动性，使他们在工作中拥有一定的自主性，允许他们自主决定工作的方式和方法，对工作过程中遇到的困难给予必要的支持和帮助，真正关心其工作状况。另一方面，要切实关心员工的利益，建立公平且富有竞争性的薪酬体系，从各个方面给予员工生活上相应的支持，使员工感觉到无论是工作还是生活上的强大的物质和精神支持，增强员工的组织支持感。

6.2.2 提升员工心理资本水平

根据 Luthans 等学者的观点，心理资本同人力资本和社会资本一样，是企业创造竞争优势的关键要素。本书的研究结果也表明，员工的心理资本对其工作产出有显著的正向影响。因此，组织和主管人员在给员工提供支持的同时，要注意员工心理的变化，重视引导员工积极心理的形成，通过支持性人力资源管理，强化对员工心理资本水平的培育与开发，从而发挥心理资本在员工组织支持感与工作产出之间的积极作用，形成组织的竞争优势。

(1) 培育员工的自我效能感

作为状态类的个体特征，自我效能感是可以被开发和提高的。班杜拉和其他研究者已经证明，自我效能感可以通过体验熟练掌握或成功、替代学习或模仿、社会说服和积极反馈、心理和生理唤醒以及幸福感等途径开发（李超平，2008）。

① 通过体验成功开发

开发自信/自我效能感最可靠的方法是要培养个体在某一任务

上的效能感，使其在这项任务的完成过程中反复体验成功。成功并不等同于自我效能感。但是，成功的确有助于增强信心，这反过来又能导致更高的绩效和成功，并且使这种螺旋式上升能持续发生。比如，一个培训师或是教练可以把一项复杂的任务分解为若干部分，并且一次一小部分地教给受训者所有分解后的技能。这使受训者能更频繁地体验“小成功”，反过来帮助他们增强自我效能感。另一种提升方式是为员工创造“他们能够熟练掌握”的经历，有意将他们放在成功可能性很大的情形中，这样他们就会有更好的机会来体验成功。这也就解释了为什么选拔、岗前培训、工作安排和职业规划会如此重要。

② 树立榜样，通过学习或模仿开发

为员工选择榜样，通过观察他人成功和失败的经历，引导员工学习与模仿，可以帮助他们更有效地提高自我效能感水平。虽然在增强自我效能感方面，直接体验比替代学习和模仿更有效，但是，观察性的体验可以让个体认识他人的成功和失误，并从中学习，进而有选择地模仿他们的成功行为。同事、导师、自我管理团队，甚至是处于同一层次令人敬佩的同事所传授的个人秘诀，可能比由学识渊博但高不可攀的高管人员、专业培训师或是有名的外部顾问进行的正式培训更能有效地提升员工的自我效能感。因为学习榜样的工作方式，感受他们的成功，就能向员工灌输一种理念，即“如果他们能做到，我也能做到”，进而对提高受训者的自我效能感产生积极的影响。

③ 通过社会说服和积极反馈开发

已有研究表明，运用积极反馈和社会认可，可以提高员工绩效，有时甚至超过金钱奖励和其他激烈技巧所带来的影响。如今的组织不能忽视一项数量无限又没有成本的用于激励员工的资源，即感谢、赏识、向员工提供反馈和认可等一些强有力的绩效影响因素，这些资源有助于强化员工的积极行为，提升员工的自我效能感。

④ 通过心理与生理健康的调节开发

虽然心理与生理的健康对自我效能感的影响没有其他因素那么大,但是,如果是消极的影响,那么,它们对一个人的自我效能感将是一个沉重的打击。事实证明,一个人在情绪或心理方面处于消极状态,甚至有严重的生理疾病,那么他的自我效能感会急剧降低或者为零。因此,组织可以通过某些干预措施来管理员工的情感、生理和心理健康,如向员工提供家庭友好福利(如儿童看护服务)、全面的员工援助计划、集体旅行或非正式聚会等,以此来开发员工的自我效能感。

(2) 培育员工的希望

希望属于特质类个体特征,一般很难改变。但已有研究证明,组织通过一些管理活动的干预,员工的希望也可以得到培育。

① 设定合理目标

组织应创造条件和机会,帮助员工进行自我目标设定,或向员工分配合理的工作目标。希望理论认为,当人们把工作目标内化为自己的目标、对工作目标有比较高的承诺时,就很可能实现工作绩效的提升。合适的目标设置不仅会影响一个人的动机水平、做出的选择、努力和坚持不懈的程度,也会影响他(或她)为实现既定目标而追寻最佳途径的意愿和能力。此外,对于目标的设定,还需考虑目标的弹性。合理的工作目标应该是具体的、可测量的、有挑战性的,但又是可以实现的。目标的弹性可以激发一个人的探索精神和内在潜力,使其始终保持实现目标所需的最佳的兴奋状态。

② 鼓励参与,建立奖励机制

组织强调自下而上的决策和沟通、参与的机会、员工授权和增强自主权,通过鼓励员工积极参与,可以培育员工的希望,增强员工的满意度和心理承诺。员工在完成工作任务时,经常会需要高度的自主权,如果对他们管理得太严苛,这些员工可能很容易被触怒、觉得沮丧,也让管理者认为其是不顺从的人。事实上,这些看上去“不顺从的人"往往是一些充满希望的人,因此,组织要学会给予这些员工正确的引导,鼓励并创造条件让他们发挥自身的创造力,使其在工作上表现出足智多谋。

另外,组织对于那些主动设置工作目标、实现目标、表现出较强的内控和自我调节能力或创造性地开展工作的员工进行及时的奖励,同样也能够有效强化员工的希望。当前,很多组织的奖励机制是无效的,大多数的人并没有认为他们所做的事与在工作上获得的认可之间有何直接关系,这使得他们在工作上缺乏动力,业绩自然可想而知。因此,一个成功的组织,必须要建立一套科学合理的奖惩机制,让员工知道他们的行为与特定的奖惩是直接联系在一起的。

③ 强化希望培训

在组织的员工培训管理中,那些以技能为导向的培训仅仅传授标准的技术知识与具体的任务信息,虽然看上去很有必要,但是具有单向性并缺乏互动,会降低参与者的动因。科学的培训,应该是以受训者的总体能力提升为目标,以提高员工的希望水平为导向,实施参与式、互动式、分享式的培训方式,帮助员工将才能培养成优势,以应对未来工作中可能遇到的各种情境。

(3) 培育员工的乐观

乐观是员工的一项心理优势,在组织遇到困境时,充满乐观心理的员工对未来总是持积极的态度,并在工作业绩上有上佳的表现。斯奈德(2001)提出了在工作场所培育乐观的三种策略:包容过去、珍惜现在、寻找未来的机会。

包容过去并不是任由员工推卸或逃避责任,而是让员工采用以问题为导向的应对方法来对待过去的不良业绩,客观分析工作情境中的可控因素与不可控因素,进而根据对现有资源与能力的准确评估,重新设置现实的、可行的工作目标。通过改变悲观的解释风格或者强调乐观的解释风格,组织可以开发并提升员工的乐观心理。

无论在何种情况下,无论情况有多么的糟糕,组织都应该指导员工珍惜现在,客观面对当前遇到的困难,发现并享受积极的方面。灵活的乐观可以帮助员工重新鼓起工作的勇气,化消极为积极,化被动为主动,并努力改变现状。

当组织遇到困境时,管理者要能够帮助员工认识到自己、所在的部门和组织正在“不断进步”,要指导员工在学会珍惜现在的同时着眼未来,并学会寻求机遇。现实、灵活的乐观是一种强有力的工具,它能有助于员工主动迎接未来的挑战,并不断提升现在和日后的绩效。

(4) 培育员工的坚韧性

正如同本书所定义的那样,坚韧性是一种动态的、有延展性的、可开发的心理能力或心理优势。它并非一种“超物质”,或是一种固定不变的性格特征,而是一种被积极心理学和商业界普遍认可的、可以被开发的性格特征。哈佛医学院的成人开发研究所主任 Georage Vaillant(1997,2002)曾明确地指出,他研究过的被试在日后的生活中更有坚韧性。在对影响坚韧性形成的因素进行研究之后,Masten 和 Reed(2002)总结出了若干开发坚韧性的策略。

① 关注坚韧性资产

组织需关注于提高存在于员工身上的那些能感知到的或实际的坚韧性资产和资源水平。这些坚韧性资产可能包括人力资本(教育、经验、知识、技能、能力)、社会资本(人际关系、社会网络)和其他积极的心理资本(自我效能感、希望、乐观)。其中,人力资本尤其是一些显性的知识、技能和能力可以通过传统的培训与开发得到学习和增强。而人力资本的隐性部分,即对组织具体的价值观、文化、结构、战略和运营过程等有深入的理解,可以通过各种广泛认可的方式和技术来开发,例如,社会化、导师制和工作轮换的方式。社会资本可以通过沟通、信任建立、真实性和透明、反馈与认可、团队工作和工作生活平衡来开发。

② 关注危害因素

根据前文对坚韧性的定义，即“一种可以开发的能力，他能使人从逆境、冲突和失败中，甚至是从积极事件、进步以及与日俱增的责任中回弹或恢复过来的能力”，组织应加强对坚韧性危害因素的管理，而非刻意去回避。采用危害因素管理，就是要帮助员工提高认识水平，视危害因素为发展机会，使其能从困境中走出来，复原并超越自我，在工作中取得较好的业绩。

③ 关注过程

在处理相关的坚韧性危害因素时，为了鉴别、挑选、开发、运用和保持适当的坚韧性资产，组织可以采用关注过程的策略。它能够使员工克服逆境，实现成长。如在真实领导开发模型中，自我意识和自我调节过程就是坚韧性开发过程的一部分。Harland，Harrison，Reiter-Palmon（2005）在研究工作场所的坚韧性时认为，与“回避性应对”机制相比，“处理性应对”机制对提升员工的坚韧性更有积极意义。

6.3 研究的局限性与未来的研究方向

6.3.1 研究的局限性

反思整个研究，本书的研究局限性主要表现在以下几个方面。

① 取样上，本书的被试主要来自东部和南方沿海城市，地域上还比较狭窄，不足以充分反映不同地域、年龄层次、企业性质和职务层次上员工组织支持感的整体情况，在一定程度上影响了本书的结论的普适性。

② 由于研究所采用的数据是通过调查问卷的方式取得，在样本的选择和数据收集的实际操作上存在一定的困难，造成了本书的一

个不可忽视的局限即同源方差的存在。本书所涉及的四个变量的各个条目都是由同一个员工回答的,这就很有可能导致所收集的数据存在同源方差问题。虽然前面通过验证性因子分析证实四个变量之间具有良好的区分效度,而且已有研究表明同源方差并不足以使研究的结论变得无效(Doty,Glick,1998),但是笔者认为,未来的研究有必要对不同的变量采取不同的数据来源,比如对于员工工作绩效可以由员工的主管来回答,由此来提高数据的质量和说服力,克服研究中同源方差可能带来的结论的可信度的问题。

③ 研究的局限之三在于横截面(cross-sectional)的研究设计。在本书中,组织支持感通过影响员工的心理资本和情感承诺来影响员工的工作绩效,这个过程有一定的作用时间,在原则上应该在不同的时间点来测量这四个变量,而本书的调查问卷对四个变量的测量是在同一时点上进行的,这就使得人们很难断定员工的组织支持感、心理资本、情感承诺和工作绩效之间存在一定的因果关系。

6.3.2 未来的研究方向

基于社会交换的组织支持研究为雇佣关系和员工激励问题研究提供的新的视角与方向,本书进行了一些初步探索性工作,未来可以从以下几个方向来丰富和发展这方面的研究。

第一,在样本的选择和数据的收集方面,可考虑进一步扩大样本的地区范围,增加样本的数量,提高样本的代表性。此外,本书中员工工作产出的数据来自于被试的自我评价,存在一定的局限性,进一步的研究可以考虑采用"他评"的方式,以提高数据的准确性和科学性。

第二,要进一步探讨组织支持感的结构,并完善问卷的编制。问卷和量表的编制和修订对于相关研究和实际心理问题诊断都具有十分重要的意义,本书虽然已经做了一些相关工作,但是进一步的修订和完善仍然十分必要。

第三，尽管本书的研究结果和理论基础与相关的文献相一致，但是横截面的设计使笔者不能将其他可能的解释排除在外。因此，在未来的研究中，可以尝试利用纵向(longitude)研究设计或实验法，通过跨时间段的追踪调查和实验，进一步探索各个变量之间的因果关系，得出较为科学可靠的结论。

第四，进一步丰富组织支持感与员工工作产出关系的中介作用及调节作用机制的研究。本书把组织支持感对员工工作产出的作用看作一种社会交换过程和激励过程，特别考察了心理资本这一积极心理在两者间的中介作用。从理论和事实上看，还可以从其他心理(如心理授权、组织信任等)和环境变量的角度探索组织支持感对员工工作态度及绩效的作用过程。

附录　调查问卷

尊敬的先生/女士：

您好！

本人是高校的一名研究人员，目前正在研究员工的积极心理与行为，需要一些数据做统计分析，恳请您抽出10分钟左右的宝贵时间填写。

本问卷采用匿名方式，填写的答案也没有对错之分，请按照您的实际想法及实际情况填写。

本问卷的结果仅供学术研究之用，不会做其他任何用途，敬请您如实填写。若无您的协助与支持，本书难以顺利完成，谨此致以最诚挚的感谢。

祝您身体健康、万事如意！

请按照您个人及企业的实际情况在相应的序号上打"√"。

1-1	您的性别：	(1)男	(2)女
1-2	您的年龄：	(1)25岁以下	(2)26~35岁
		(3)36~45岁	(4)46岁以上
1-3	您的婚姻状况：	(1)已婚	(2)未婚
1-4	您的教育程度：	(1)中学或中专	(2)大专
		(3)本科	(4)硕士及以上
1-5	您目前的工作类型：	(1)普通员工	(2)基层管理人员
		(3)中层管理人员	(4)高层管理人员
1-6	现任职时间：	(1)1年以下	(2)1~3年

(3)4 ~7 年　　　　(4)7 年以上

1-7　您所在单位的性质:(1)国有/集体　　　　(2)民营

(3)合资/外商独资

下面各项目描述了组织对员工的一些态度,请您对以下项目反映的组织对您的支持和关怀程度做出选择。请您选择其中一个符合您的看法的选项,并在相应的数字上打"√"。

1——完全不同意　　2——基本不同意

3——有点不同意　　4——有点同意

5——基本同意　　6——完全同意

2-1　当我在工作中遇到困难时,单位会提供帮助给我……………………………………………………………1　2　3　4　5　6

2-2　单位非常重视我的个人工作目标和价值观……………………………………………………………1　2　3　4　5　6

2-3　单位提供长期稳定的工作保障,不轻易解雇员工……………………………………………………………1　2　3　4　5　6

2-4　单位重视我在工作中的意见……………………………………………………………1　2　3　4　5　6

2-5　单位能同意我要求改变工作条件的合理要求……………………………………………………………1　2　3　4　5　6

2-6　单位使我在工作中拥有较高的自主性……………………………………………………………1　2　3　4　5　6

2-7　单位对我的工作业绩提供及时有效的反馈……………………………………………………………1　2　3　4　5　6

2-8　单位会奖赏我在本职工作外所付出的劳动……………………………………………………………1　2　3　4　5　6

2-9 在我需要特殊帮助时,单位乐于提供帮助 …………………………………………1 2 3 4 5 6

2-10 单位真正地关心我的生活状况 …………………………………………1 2 3 4 5 6

2-11 单位会考虑到我应得多少薪水的问题 …………………………………………1 2 3 4 5 6

2-12 当获得更多利润时,单位会考虑增加我的薪水 …………………………………………1 2 3 4 5 6

2-13 在做出可能会影响到我的决策时,单位会考虑我的利益 …………………………………………1 2 3 4 5 6

2-14 单位会理解我由于私人原因偶尔出现的缺勤 …………………………………………1 2 3 4 5 6

2-15 单位会给我提供一些晋升的机会 …………………………………………1 2 3 4 5 6

2-16 单位希望能让我担当最适合我能力的工作 …………………………………………1 2 3 4 5 6

2-17 单位乐意在广泛的范围内帮助我发挥潜能工作 …………………………………………1 2 3 4 5 6

2-18 单位为我提供学习和培训的机会 …………………………………………1 2 3 4 5 6

2-19 单位为我提供广阔的职业发展空间 …………………………………………1 2 3 4 5 6

2-20 单位让我做富有挑战性的工作 …………………………………………1 2 3 4 5 6

2-21 单位对我在工作中所做出的成就感到骄傲 …………………………………………1 2 3 4 5 6

2-22 单位重视我做出的贡献 …………………………………………1 2 3 4 5 6

2-23 单位提供和谐友好的工作氛围 ……………………………………………………1 2 3 4 5 6

2-24 单位认为把我留在单位将起到不小的作用 ……………………………………………1 2 3 4 5 6

2-25 单位非常尊重我 ……………………………………………………………1 2 3 4 5 6

2-26 单位公平地对待我 ……………………………………………………………1 2 3 4 5 6

以下1 ~6 的不同数字代表题目符合您实际情况的不同程度,请根据您的实际情况,在最符合的数字上面打"√"。

1——完全不同意　　2——基本不同意

3——有点不同意　　4——有点同意

5——基本同意　　6——完全同意

3-1 我相信自己能分析长远的问题,并找到解决方案 ……………………………………………1 2 3 4 5 6

3-2 与管理层开会时,在陈述自己工作范围之内的事情方面我很自信……………………………………1 2 3 4 5 6

3-3 我相信自己对公司战略的讨论有贡献 ……………………………………………1 2 3 4 5 6

3-4 在我的工作范围内,我相信自己能够帮助组织设定目标/目的 ……………………………………………1 2 3 4 5 6

3-5 我相信自己能够与公司外部的人(比如供应商、客户)联系,并讨论问题……………………………………1 2 3 4 5 6

3-6 我相信自己能够向一群同事陈述信息 ……………………………………………1 2 3 4 5 6

3-7 如果我发现自己在工作中陷入了困境,我能想出很多办法摆

脱出来……………………………………………1 2 3 4 5 6

3-8 目前我在精神饱满地完成自己的工作目标 …………………………………………………………1 2 3 4 5 6

3-9 任何问题都有很多的解决办法 …………………………………………………………1 2 3 4 5 6

3-10 目前,我认为自己在工作上相当成功 …………………………………………………………1 2 3 4 5 6

3-11 我能想出很多办法来实现我目前的工作目标 …………………………………………………………1 2 3 4 5 6

3-12 目前,我正在实现我为自己设定的工作目标 …………………………………………………………1 2 3 4 5 6

3-13 在工作中遇到挫折时,我很难从中恢复过来,并继续前进(R) …………………………………………………………1 2 3 4 5 6

3-14 在工作中,我无论如何都会解决遇到的难题 …………………………………………………………1 2 3 4 5 6

3-15 在工作中如果不得不去做,可以说,我也能独立应付 …………………………………………………………1 2 3 4 5 6

3-16 我通常对工作中的压力能泰然处之 …………………………………………………………1 2 3 4 5 6

3-17 因为以前经历过很多的磨难,所以我能够挺过工作上的困难时期……………………………………………1 2 3 4 5 6

3-18 在我目前的工作中,我感觉自己能同时处理很多事情 …………………………………………………………1 2 3 4 5 6

3-19 在工作中,当遇到不确定的事情时,我通常盼望最好的结果 …………………………………………………………1 2 3 4 5 6

3-20 如果某件事情会出错,即使我明智地工作,它也会出错(R) …………………………………………………………1 2 3 4 5 6

3-21　对自己的工作，我总是看到事情光明的一面 ……………………
……………………………………………………1　2　3　4　5　6

3-22　对我的工作，未来会发生什么，我是乐观的 ……………………
……………………………………………………1　2　3　4　5　6

3-23　在我目前的工作中，事情从来都没有像我希望的那样发展(R)
……………………………………………………1　2　3　4　5　6

3-24　在工作时，我总相信“黑暗的背后就是光明，不用悲观” ……
……………………………………………………1　2　3　4　5　6

4-1　我能保质保量地完成单位交给的工作 …………………………
……………………………………………………1　2　3　4　5　6

4-2　我能创造性地完成工作 ………………………………………
……………………………………………………1　2　3　4　5　6

4-3　我的工作任务总能完成得比其他同事出色 ……………………
……………………………………………………1　2　3　4　5　6

4-4　我只谈论那些对同事或团队有益的事 …………………………
……………………………………………………1　2　3　4　5　6

4-5　我能公平地对待他人……………………………………………
……………………………………………………1　2　3　4　5　6

4-6　我会主动帮助他人………………………………………………
……………………………………………………1　2　3　4　5　6

4-7　我会利用休息时间工作以保证任务按时完成 …………………
……………………………………………………1　2　3　4　5　6

4-8　我工作格外努力…………………………………………………
……………………………………………………1　2　3　4　5　6

4-9　我主动热情地去做比较困难的工作 ……………………………
……………………………………………………1　2　3　4　5　6

5-1　绝大多数时间，我对我目前的工作充满热情 …………………
……………………………………………………1　2　3　4　5　6

5-2　我从现在的工作中发现工作是一种享受……………………………………………………………1　2　3　4　5　6

5-3　我对现在的工作感到厌烦………………………………………………………………1　2　3　4　5　6

5-4　我感到工作时间特别漫长,没完没了…………………………………………………………1　2　3　4　5　6

5-5　总的来说,我对目前这个工作感到相当满意……………………………………………………1　2　3　4　5　6

6-1　我很乐意在现在这个单位继续工作下去……………………………………………………………1　2　3　4　5　6

6-2　我感觉到这个单位的问题就是我的问题……………………………………………………………1　2　3　4　5　6

6-3　在感情上,我觉得自己就属于这个单位……………………………………………………………1　2　3　4　5　6

6-4　我觉得我就是这个单位大家庭中的一员……………………………………………………………1　2　3　4　5　6

6-5　这个单位对我个人而言,意义重大………………………………………………………………1　2　3　4　5　6

6-6　总的来说,我很忠于现在这个单位………………………………………………………………1　2　3　4　5　6

参考文献

[1] Allen N J, Meyer J P. The measurement and antecedents of affective, continuance and normative commitment to the organization. Journal of Occupational Psychology, 1990, 63(1): 1-18.

[2] Allen D G, Shore L M, Griffeth R W. The role of perceived organizational support and supportive human resource practices in the turnover process. Journal of Management, 2003, 29 (1): 99-118.

[3] Anderson J C, Gerbing D W. Structural equation modeling in practice: A review and recommended two-step approach. Psychological Bulletin, 1988, 103(3):411-423.

[4] Armeli S, Eisenberger R, Fasolo P, et al. Perceived organizational support and police performance: the moderating influence of socioemotional needs. Journal of Applied Psychology, 1998, 83 (2): 288-297.

[5] Aselage J, Eisenberger R. Perceived organizational support and psychological contracts: a theoretical integration. Journal of Organizational Behavior, 2003, (5): 491-509.

[6] Avey J B, Patera J L, West B J. The implications of positive psychological capital on employee absenteeism. Journal of Leadership & Organizational Studies, 2006, 13(2): 42-60.

[7] Avolio B J, Gardner W L, Walumbwa F O. Unlocking the mask: a look at the process by which authentic leaders impact follower attitudes and behaviors. Leadership Quarterly, 2004, 15(6): 801-823.

[8] Barrick M R, Mount M K, Judge T A. Personality and performance at the beginning of the new millennium: what do we know and where do we go next? International Journal of Selection and Assessment, 2001,9(1):9 – 13.

[9] Bateman T S, Organ D W. Job satisfaction and the good soldier: the relationship between affect and employee " citizenship ". Academy of Management Journal, 1983,26(4):587 – 595.

[10] Becker H S. Notes on the concept of commitment. American Journal of Sociology, 1960, 66:32 – 42.

[11] Bell S J, Menguc B. The employee-organization relationship, organizational citizenship behaviors, and superior service quality. Journal of Retailing, 2002 ,78(2):131 – 146.

[12] Bhanthumnavin. Perceived social support from supervisor and group members' psychological and situation characteristics as predictors of subordinate performance in Thai work units. Human Resource Development Quarterly, 2003, 14(1): 79 – 97.

[13] Blau P M. Exchange and power in social life. New York: Wiley, 1986.

[14] Borman W C, Motowidlo S J. Task performance and contextual performance: the meaning for personal selection research. Human Performance, 1997(10): 99 – 109.

[15] Boyatzis R E. The competent manager: a model for effective performance. New York: Wily, 1982.

[16] Brief A P, Motowidlo S J. Prosocial organizational behaviors. The Academy of Management Review, 1986, 11:710 – 725.

[17] Buchanan B. Building organizational commitment: the socialization of manager in work organizations. Administrative Science Quarterly, 1974, 19(4): 533 – 546.

[18] Campbell J P, Ford P, et al. Development of multiple job performance measures in a representative sample of jobs. Personnel Psychology. 1990, 43(2): 230 -278.

[19] Carr A. Positive psychology: the science of happiness and human strengths. New York, NY: Brunnner-Routledge, 2004.

[20] Cascio W F. Applied psychology in human resource management. London: Prentice Hall, 1998.

[21] Chen Z X, Aryee S, Lee C. Test of a mediation model of perceived organizational support. Journal of Vocational Behavior, 2005, 66(3): 457 -486.

[22] Chen Z X, Tsui A S, Farh J L. Loyalty to supervisor vs organizational commitment: relationships to employee performance in China. Journal of Occupational and Organizational Psychology, 2002, 75(3): 339 -356.

[23] Chong H, White R, Prybutok V. Relationship among organizational support, JIT implementation, and performance. Industrial Management Data Systems, 2001, 101(6): 273 -285.

[24] Cleveland J N, Shore L M. Self-perspectives and supervisory perspectives on age and work attitudes and performance. Journal of Applied Psychology, 1992, 77(4): 469 -484.

[25] Cole K. Wellbeing, psychological capital, and unemployment: an integrated theory. The International Association for Research in Economic Psychology (IAREP) and the Society for the Advancement of Behavioral Economics (SABE), Paris, France, 2006.

[26] Coyle-Shapiro J A M, Conway N. Exchange relationships: an examination of psychological contracts and perceived organizational support. Journal of Applied Psychology, 2005, 90 (2): 774 -781.

[27] Cropanzano R, Mictchell M S. Social exchange theory: an interdis-

ciplinary review. Journal of Management, 2005,31(6):874 -900.

[28] Cropanzano R, Howes J C, Grandey A A, et al. The relationship of organizational politics and support to work behaviors, attitudes, and stress. Journal of Organizational Behavior, 1997, 18(2): 159 -180.

[29] Dalton D R, Todor W D, Spendolin M J, et al. Organization structure and performance: a critical review. Academy of Management Review, 1980, 5(1): 49 -64.

[30] David G, Lynn G, Rodger W. The role of perceived organizational support and supportive human resource practices in the turnover process. Journal of Management, 2003,29(1): 99 -118.

[31] Dekker L, Barling J. Workforce size and work-related role stress. Work and Stress, 1995, 9(1): 45 -54.

[32] Dienesch R M, Liden R C. Leader-member exchange model of leadership: a critique and further development. Academy of Management Review, 1986,11(3) :618 -634.

[33] Doty D H, Glick W H. Common methods bias: does common methods variance really bias results? Organizational Research Methods, 1998, 1(4):374 -406.

[34] Eisenberger R, Armeli S, Rexwinkel B, et al. Reciprocation of perceived organizational support. Journal of Applied Psychology, 2001, 86(1): 42 -51.

[35] Eisenberger R, Cotterell N, Marvel J. Reciprocation ideology. Journal of Personality and Social Psychology, 1987,53(4): 743 -750.

[36] Eisenberger R, Cummings J, Armeli S, et al. Perceived organizational support, discretionary treatment and job satisfaction. Journal of Applied Psychology, 1997, 82(5): 812 -820.

[37] Eisenberger R, Fasolo P, Davis-LaMastro V. Perceived organiza-

tional support and employee diligence, commitment, and innovation. Journal of Applied Psychology, 1990, 75(1): 51 -59.

[38] Eisenberger R, Huntington R, Hutchison S, et al. Perceived organizational support. Journal of Applied Psychology, 1986, 71: 500 -507.

[39] Eisenberger R, Rhoades L, Cameron J. Does pay for performance increase or decrease perceived self-determination and intrinsic motivation? Journal of Personality and Social Psychology, 1999, 77(5):1026 -1040.

[40] Eisenberger R, Stinglhamber F, Vandenberghe C, et al. Perceived supervisor support: contributions to perceived organizational support and employee retention. Journal of Applied Psychology, 2002,87(3): 565 -573.

[41] Etzioni A . A comparative analysis of complex organizations. New York: Free Press,1961.

[42] Fornell C,Lacker D F. Evaluating structural equation models with unobservable variables and measurement error. Journal of Marketing Research, 1981, 18: 39 -50.

[43] Fuller J B, Barmett T, Hester K, et al. A social identity perspective on the relationship between perceived organizational support and organizational commitment. The Journal of Social Psychology, 2003,143 (60):789 -791.

[44] Gagnon M A, Michael J H. Outcomes of perceived supervisor support for wood production employees. Forest Products Journal, 2004, 54(12): 172 -177.

[45] George J M, Brief A P. Feeling good-doing good: a conceptual analysis of the mood at work-organizational spontaneity relationship. Psychological Bulletin, 1992, 112(2):310 -329.

[46] Goldsmith A H, Darity W, and Veum J R. Race, cognitive skills, psychological capital and wages. Review of Black Political Economy, 1998, 26(2): 13 -22.

[47] Goldsmith A H, Veum J R, Darity W. The impact of psychological and human capital on wages. Economic Inquiry, 1997, 35 (4): 815 -829.

[48] Gould F. Rapid host range evolution in a population of the phytophagous mite Tetranychus urticae Koch. Evolution, 1979, 33 (3):791 -802.

[49] Greenberg J. Organizational justice: yesterday, today and tomorrow. Journal of Management, 1990,16(2): 399 -432.

[50] Guion R M, Gotter R F. Validity of personality measures in personnel selection. Personnel Psychology, 1965,18(2): 135 -164.

[51] Harland L, Harrison W, Jones J, et al. Leadership behaviors and subordinate resilience. Journal of Leadership and Organizational Studies, 2005,11(2):2 -14.

[52] Hall D T,Goodale J G . Human resource management: strategy, design, and implementation. Glenview, IL: Scott, Foresman and Company,1986.

[53] Hattrup K, O'Connell M S, Wingate P H. Prediction of multidimensional criteria: distinguishing task and contextual performance. Human Performance, 1998,11, 305 -319.

[54] Hosen R, Solovey-Hosen D, Stern L. Education and capital development: capital as durable personal, social, economic and political influences on the happiness of individuals. Education, 2003, 123(3):496 -513.

[55] Hrebiniak L G,Alutto J A. Personal and role-related factors in the development of organizational commitment. Administrative Science

Quarterly, 1972,17(4):555 –573.

[56] Hurtz G M, Donovan J J. Personality and job performance: the big five revised. Journal of Applied Psychology, 2000, 85(6):869 –879.

[57] Hutchison S. A path model of perceived organizational support. Journal of Social Behavior and Personality. 1997,12(1):159 –174.

[58] Iaffaldano M T, Muchinsky P M. Job satisfaction and job performance: a meta-analysis. Psychological Bulletin, 1985.

[59] Jensen S M. Entrepreneurs as leaders: impact of psychological capital and perceptions of authenticity on venture performance. Unpublished Dissertation of University of Nebraska, 2003.

[60] Jensen S M, Luthans F. Relationship between entrepreneurs' psychological capital and their authentic leadership. Journal of Management Issues, 2006, 18(2): 254 –273.

[61] Judge T, Bono J. Relationship of core self-evaluations traits-self-esteem, generalized self-efficacy, locus of control, and emotional stability-with job satisfaction and job performance: a meta-analysis. Journal of Applied Psychology, 2001, 86(5):80 –92.

[62] Kahn W A. Psychological conditions of personal engagement and disengagement at work. Academy of Management Journal, 1990, 33(4): 692 –724.

[63] Katz D, Kahn R L. The social psychology of organization. New York: Wiley Publishers, 1978.

[64] Kaufman J D, Stamper C L, Tesluk P E. Do supportive organizations make for good corporate citizens? Journal of Managerial Issues, 2001, 13(4): 436 – 449.

[65] Kelman H G . Compliance, identification and internalization: three processes of attitude change. Journal of Conflict Resolution, 1958, 2(1):51 –60.

[66] Kottke J L, Shatafinski C E. Measuring perceived supervisory and organizational Support. Educational and Psychology Measurement, 1988, 48(4): 1075 - 1079.

[67] Kraimer M L, Wayne S J, Jaworski R. A. Sources of support and expatriate performance: the mediating role of expatriate adjustment. Personnel Psychology, 2001(1): 71 - 100.

[68] Kraimer M L, Wayne S J. An examination of perceived organizational support as a multidimensional construct in the context of an expatriate assignment. Journal of Management, 2004, 30(2): 209 - 237.

[69] Larson M, Luthans F. Potential added value of psychological capital in predicting work attitudes. Journal of Leadership & Organizational Studies, 2006, 13(2): 75 - 92.

[70] Larson M D, and Luthans F. Beyond human and social capital: the additive value of psychological capital on employee attitudes. Working Paper, Gallup Leadership Institute, University of Nebraska-Lincoln, 2004.

[71] LePine J A, Van D L. Voice and cooperative behavior as contrasting forms of contextual performance: evidence of differential relationships with Big Five personality characteristics and cognitive ability. Journal of Applied Psychology, 2001, 86 (2):326 - 336.

[72] Letcher L, Niehoff B. Psychological capital and wages: a behavioral economic approach. Paper submitted to be considered for presentation at the Midwest Academy of Management, Minneapolis, MN, 2004.

[73] Levinson H. Reciprocation: the relationship between man and organization. Administrative Science Quarterly, 1965,9(4): 370 - 390.

[74] Luthans F, Avolio B J, Walumbwa F O, et al. The psychological

capital of Chinese workers: exploring the relationship with performance. Management and Organization Review, 2005, 1(2): 247 -269.

[75] Luthans F, Jensen S. Hope: a new positive strength for human resource development. Human Resource Management Review, 2002, 1(3): 304 -322.

[76] Luthans F. Positive organizational behavior: developing and managing psychological strengths. Academy of Management Exective, 2002, 16: 57 -72.

[77] Luthans F. The need for and meaning of positive organizational behavior. Journal of Organizational Behavior, 2002, 23: 695 -706.

[78] Luthans K W, Jensen S M. The linkage between psychological capital and commitment to organizational mission: a study of nurses. The Journal of Nursing Administration, 2005, 35(6): 304 - 310.

[79] Luthans F, Youssef C M, Avolio B J. Psychological capital: developing the human capital edge. Oxford, UK: Oxford University Press, 2007.

[80] Luthans F, Youssef C M. Human, social, and now positive psychological capital management: investing in people for competitive advantage. Organizational Dynamics, 2004, 33(2):143 -160.

[81] Luthans F, Norman S M, Avolio B J. et al. The mediating role of psychological capital in the supportive organizational climate-employee performance relationship. Journal of Organizational Behavior, 2008, 29(2):219 -238.

[82] March J C, Simon H A. Organizations. New York: Wiley, 1958.

[83] Marie H L, James S. Do moderators of the optimistic bias affect personal or target risk estimates? A review of the literature. Per-

sonality and Social Psychological Review, 2001,5(1):74 -95.

[84] Masten A S, Reed M J. Resilience in development. Oxford,UK: Oxford University press,2002.

[85] Mathieu J E, Zajac D. A review and meta – analysis of the antecedents, correlates, and consequences of organizational commitment. Psychological Bulletin, 1990,108:171 -194.

[86] Mayer J P, Paunonen S V, Gllatly I R, et al. Organizational commitment and job performance: it's the Nat. Journal of Applied Psychology, 1989, 74(1):152 -157.

[87] Mayo E. The social problems of an industrial civilization. New Hampshire: Ayer, 1945.

[88] McMillin R. Customer satisfaction and organizational support for service providers. USA :University of Florida, 1997.

[89] Meyer J P, Allen N J. Commitment to organizations and occupations: extension and test of a three component conceptualization. Journal of Applied Psychology, 1993, 78: 538 -551.

[90] Meyer J P, Smith C A. HRM practices and organizational commitment: test of a mediation model. Canadian Journal of Administrative Sciences, 2000(4):319 -332.

[91] Moorman R H, Blakely G L, Niehoff B P. Does perceived organizational support mediate the relationship between procedural justice and organizational citizenship behavior? Academy of Management Journal, 1998, 41: 351 -357.

[92] Mowday R T, Porter L W, Steers R M. Organizational linkages: the psychology of commitment, absenteeism, and turnover. San diego, CA: Academic Press, 1982.

[93] Mowday R T, Steers R M, Porter L W. The measurement of organizational commitment. Journal of Vocational Behavior, 1979,

14(2): 224 - 247.

[94] Nunnally J. Psychometric theory. New York: McGraw-Hill, 1978.

[95] O'Reilly C F, Chatmen J. Organizational commitment and psychological attachment: the effects of compliance, identification, and internalization on prosocial behavior. Journal of Applied Psychology, 1986, 71: 492 - 499.

[96] Organ D W, Konovsky M. Cognitive versus affective determinants of organizational citizenship behavior. Journal of Applied Psychology, 1989, 74: 157 - 164.

[97] Page L F, Bonohue R. Postive psychological capital: a preliminary exploration of the construct. Working Paper of Department of Management of Monash University, 2004.

[98] Pearce, C. L, Herbik, P. A. Citizenship behavior at the team level of analysis: the effects of team leadership, team commitment, perceived team support, and team size. The Journal of Social Psychology, 2004, 144(3): 293 - 310.

[99] Peterson C. The future of optimism. American Psychologist, 2000, 55(1): 44 - 55.

[100] Peterson S, Luthans F. The positive impact and development of hopeful leaders. Leadership and Organizational Development Journal, 2002, 24(1): 26 - 31.

[101] Porter L W, Lawer E E. Managerial attitude and performance. Illinois: Homewood, 1968.

[102] Power A L. Antecedents and outcomes of team commitment in a global, virtual environment, Ph. D. Dissertation, Indiana University, Bloomington, IN, 2000.

[103] Randall M L, Cropanzano R, Bormann C A, et al. Organizational

politics and organizational support as predictors of work attitudes, job performance, and organizational citizenship behavior. Journal of Organizational Behavior, 1999,20(2):159 –174.

[104] Rhoades L, Eisenberger R. Perceived organizational support: a review of the literature. Journal of Applied Psychology, 2002,87 (4),698 –714.

[105] Rockwell R C. Assessment of multicollinearity: the Haitovsky test of the determinant. Sociological Methods and Research, 1975, 3: 308 –320.

[106] Roethlisberger F J, Dickson W J. Management and the worker. Cambridge, MA: Harvard University Press, 1939.

[107] Rotundo M, Sackett P R. The relative importance of task, citizenship, and counter productive performance to global ratings of job performance: a policy – capturing approach. Journal of Applied Psychology, 2002, 87, 66 –80.

[108] Rousseau D M. New hire perceptions of their own and their employer's obligations: A study of psychological contracts. Journal of organizational behavior, 1990, 11(5):389 –400.

[109] Rousseau D M, Tijoriwala S A. What's a good reason to change? Motivated reasoning and social accounts in promoting organizational change. Journal of applied psychology, 1999, 84(4): 514 –528.

[110] Schein E H. Organizational psychology. New Jersey: Prentice-Hall, 1980.

[111] Seligman M E, Csikszentmihalyi M. Positive psychology: an Introduction, American Psychologist, 2000, 55(1): 5 –14.

[112] Seligman M E P. Authentic happiness. New York: Free Press, 2002.

[113] Settoon R P, Bennett N, Liden R C. Social exchange in organizations: perceived organizational support, leader-member exchange, and employee reciprocity. Journal of Applied Psychology, 1996,81(3): 219 -227.

[114] Sheridan J E,Slocum J W. The direction of the causal relationship between job satisfaction and work performance. Organizational Behavior and Human Performance,1975,14(4):159 -172.

[115] Shore L M, Tetrick L E. A construct validity study for the survey of perceived organizational support. Journal of Applied Psychology, 1991, 76: 637 -643.

[116] Shore L M, Shore T H. Perceived organizational support and organizational justice. Westport,CT:Quorum, 1995:149 -164.

[117] Steers R E. Antecedents and outcomes of organizational commitment. Administrative Science Quarterly, 1977,22(5):46 -56.

[118] Stinglhamber F, Vandenberghe C. Organizations and supervisors as sources of support and targets of commitment: a longitudinal study. Journal of Organizational Behavior, 2003, 24(3): 251 -270.

[119] Taylor F W. The principles of scientific management. New York:Harper Brothers,1911.

[120] Vaillant G E. Adaptation to life. Boston: Little, Brown, 1997.

[121] Vaillant G E. The mature defense. American Psychologist, 2002, 55: 89 -98.

[122] Van Dyne L, Cummings L L, McLean Parks J. Extra-role behaviors: in pursuit of construct and definitional in clarity. Research in organizational behavior, 1995,17:215 -285

[123] Van Scotter J R, Morowidlo S J. Interpersonal facilitation and Job dedication as separate facets of contextual performance. Journal of Applied Psychology, 1996, 81(5):525 -531.

[124] Wayne S J, Shore L M, Bommer W H, et al. The role of fair treatment and rewards in perceptions of organizational support and leader member exchange. Journal of Applied Psychology, 2002, 87(3): 590 - 598.

[125] Wayne A, Charles K, Pamela L, et al. Perceived organizational support as a mediator of the relationship between politics perceptions and work outcomes. Journal of Vocational Behavior, 2003, 63: 438 - 456.

[126] Wayne S, Shore L, Liden R. Perceived organizational support and leader-member exchange: a social exchange perspective. Academy of Management Journal, 1997, 40: 82 - 111.

[127] Whitener E M. Do "high commitment" human resource practices affect employee commitment? A cross-level analysis using hierarchical linear modeling. Journal of Management, 2001, 27(5): 515 - 535.

[128] Wiener Y. Commitment in organization: a normative view. Academy of Management Review, 1982, 7: 418 - 428.

[129] Witt L A. Exchange ideology as a moderator of job attitudes-organizational citizenship behavior relationships. Journal of Applied Social Psychology, 1991, 21(18): 1490 - 1501.

[130] Wright P M, McMahan G C. Alternative theoretical perspectives on strategic human resource management. Journal of Management, 1992, 18: 295 - 320.

[131] 布劳. 社会生活中的交换与权力. 张非,等译. 华夏出版社, 1988, 227 - 228.

[132] 陈志霞,廖建桥. 组织支持感及其前因变量和结果变量研究进展. 人类工效学, 2006, 12(1): 62 - 65.

[133] 陈志霞. 知识员工组织支持感对工作绩效和离职倾向的影响.

华中科技大学, 2006.
[134] 崔丽娟,张高产. 积极心理学研究综述——心理学研究的一个新思潮. 心理科学,2005,28(2):402-405.
[135] 赫尔雷格尔,等. 组织行为学. 俞永钊译. 华东师范大学出版社,2001.
[136] 侯杰泰,温忠麟,成子娟. 结构方程模型及其应用. 教育科学出版社, 2004.
[137] 路桑斯,等. 心理资本. 李超平译. 中国轻工业出版社,2008.
[138] 李金珍,王文忠,施建农. 积极心理学:一种新的研究方向. 心理科学进展, 2003,11(3): 321-327.
[139] 凌文辁,杨海军,方俐洛. 企业员工的组织支持感. 心理学报, 2006, 38(2):281-287.
[140] 凌文辁,张治灿,方俐洛. 影响组织承诺的因素探讨. 心理学报, 2001,33 (3):259 -263.
[141] 凌文辁,张治灿,方俐洛. 中国职工组织承诺的结构模型研究. 管理科学学报,2000, 3 (2): 76-81.
[142] 刘金中,金才兵. 英汉人力资源管理核心词汇手册. 广东经济出版社,2005.
[143] 刘玮. 满足员工需求. 中国经济出版社,2007.
[144] 刘小平,王重鸣. 组织承诺影响因素的模拟实验研究. 中国管理科学, 2002, (6): 97-100.
[145] 罗正学,苗丹民. 工作绩效预测研究述评. 心理科学进展, 2005,13(6):798-805.
[146] 王登峰,崔红. 中国基层党政领导干部的工作绩效结构. 西南师范大学学报, 2006, 32(1):1-7.
[147] 王辉,李晓轩,罗胜强. 任务绩效与情境绩效二因素绩效模型的验证. 中国管理科学, 2003, 11(4): 79-84.
[148] 王雁飞,朱瑜. 心理资本理论与相关研究进展. 外国经济与管

理, 2007, 29(5):32 - 39.

[149] 夏凌翔, 黄希庭. 论工作满意度与工作绩效的关系. 西南师范大学学报, 2002, 28(4):32 - 34.

[150] 徐晓锋,车宏生,林绚辉,等. 组织支持理论及其研究. 心理学报, 2005, 37(1):130 - 132.

[151] 徐哲. 组织支持与员工满意度相关分析研究. 天津商学院学报, 2004.

[152] 菲尔德. 工作评价——组织诊断与研究使用量表. 阳志平,等译. 中国轻工业出版社, 2004,24(1):21 - 25.

[153] 杨丽萍. 心理学视角的社会交换论. 湖北大学学报, 1995(4):109 - 115.

[154] 叶秉喜, 庞亚辉. 考验:危机管理定乾坤. 电子工业出版社, 2005.

[155] 曾晖,赵黎明. 组织行为学发展的新领域——积极组织行为学. 北京工商大学学报(社会科学版),2007, 22(3): 84 - 89.

[156] 张春燕. 走向快乐公司. 北大商业评论, 2008, (9):48 - 53.

[157] 仲理峰. 心理资本对员工的工作绩效、组织承诺及组织公民行为的影响. 心理学报, 2007, 39(2): 328 - 334.

[158] 周明建,宝贡敏. 组织中的社会交换:由直接到间接. 心理学报,2005, 37(4):535 - 541.